CÁNCER
Un reto que podemos ganar
Raúl Cremoux

BARKERBOOKS

BARKERBOOKS
CÁNCER: UN RETO QUE PODEMOS GANAR

Derechos Reservados. © 2024, **RAÚL CREMOUX**
Edición: Armando Saint-Martin | BARKER BOOKS®
Diseño de Portada: Armando Saint-Martin | BARKER BOOKS®
Diseño de Interiores: Armando Saint-Martin | BARKER BOOKS®
Coordinador editorial: Jorge Eduardo Cantellano
Coordinadora de transcripción: Claudia Bello
Fotografía: Diversas fuentes

Primera edición. Publicado por BARKER BOOKS®

I.S.B.N. Paperback | 979-8-89204-801-9
I.S.B.N. Hardcover | 979-8-89204-802-6
I.S.B.N. eBook | 979-8-89204-800-2

Derechos de Autor - Número de control Library of Congress: 1-13808842871

Barker Publishing, LLC
Los Angeles, California
https://barkerbooks.com
publishing@barkerbooks.com

A mi querida hija **Daniela**, quien de las sombras hace un arco de luz.

Y como siempre, para mis tres mosqueteros:
Bruno, con su singular inteligencia,
Ilán, dueño de una serena capacidad de observación,
Teo, quien conjunta sensibilidad y madurez.

Índice

"Este texto ha sido escrito con sorpresa, frustración, ira, temor, reflexión; también, con aliento esperanzador"

¿Quién es Raúl Cremoux?

Hoja de vida

La televisión y los estudiantes (1968)
¿Televisión o prisión electrónica? (1974)
La publicidad os hará libres (1975)
La crisis energética (1981)
Legislación en radio y tv (1982)
Acciones para mejorar el medio ambiente (1991)
Comunicación en cautiverio (1992)
Nosotros México (1993)
Democracia en marcha (1994)
Retratos de Sonora (1995)
Relatos de luz (1995)
Comodidades peligrosas (1996)
De la obsidiana al uranio (1996)

La morada de los mexicanos (1997)
Gajes y gajos de la información (1997)
Alrededor de la casa (1998)
Se hace camino al andar (1999)
Una transición interminable (1999)
La nueva era (2000)
Nada como el poder (2002)
Hazañas médicas (2003)
El factor salud (2006)
Museo Torres Bicentenario (2010)
En ruta (2011)
Primer encuentro internacional TV pública (2014)
Segundo encuentro internacional TV Pública (2015)
Miradas convergentes (2015)
El canto de las vocales (2019)
Pandemia (2022)

Ha publicado artículos en: Gente y Época (España), Comunicación y Cultura (Chile); Le Monde (Francia); Aurora (Israel), Excélsior, Unomasuno, El Occidental, Siempre!, El Universal, El Financiero y El Heraldo (México).

Produjo y condujo "Testigos de la encrucijada" durante cuatro años en Radio Acir.

Ha obtenido el premio nacional de periodismo (2004 y 2005) otorgado por el Club de Periodistas, el premio "Quálitas" que otorga la Asociación a favor de lo mejor (2006) y, el Premio Nacional de Periodismo, José Pagés Llergo (2011).

Fue director general del Canal 22 (Cultural de México) de 2013 a 2015.

El porqué de este libro

Estas páginas son el producto de mis propias sorpresas, conocimientos, dolencias y notas al padecer dos veces cáncer: el primero de próstata (2019), el segundo de colon (2023).

Del primero di cuenta en mi libro *El canto de las vocales* que tuvo como galardón el último diseño de portada del inmenso artista gráfico Vicente Rojo y los testimonios de queridas amistades quienes me honraron al redactar párrafos sobre mi texto. Siempre le agradeceré el gesto a Sara Sephovitch (investigadora), Humberto Mussachio (enciclopedista), José Newman (psiquiatra) y Arturo Ripstein (cineasta).

Estas páginas han sido escritas bajo la fría sombra de la gubernamental *Austeridad republicana,* que significa importantes recortes a los presupuestos del sector Salud, estrechez, carencias, frustraciones, largas colas para ser atendido, recetas incumplidas, tratamientos interrumpidos, trato frecuente e interacción con personas humildes que viajan a la CDMX desde Tlaxcala, Colima, Veracruz, Yucatán, Querétaro, incluso de Nicaragua o Perú para buscar alivio en las instalaciones del Instituto Nacional de Cancerología. No siempre han comido y no siempre se mantienen de pie, muchos desertan y en ocasiones van a casas de parientes y amigos para descansar por las intensas jornadas buscando curación; otros comen y duermen donde pueden. Sus médicos no sólo los proveen de tratamientos, a menudo también les brindan consejos y consuelo. El marco siempre es de angustia, dolor y da lugar a escenas que encontraríamos en *La Divina Comedia*, del Dante.

Por encima de esto y más, el presente libro arranca con el deseo de ser útil y esperanzador para quienes padecen a ese monstruo que no hemos atrapado en ningún contagio, sino que hemos sido nosotros quienes lo hemos heredado o auspiciado y desarrollado inconscientemente. En este periplo, mis lecturas se han concentrado en libros, revistas médicas y he platicado con doctores de diversas especialidades que el lector encontrará en el capítulo "Testimonios". He revisado numerosas investigaciones sobre el cáncer para saber cuáles son las posibilidades de vencer en esta batalla y veo que, aunque en todo el planeta se han empleado recursos, talento y conocimientos empeñados en investigar las mil y una posibilidades de enfrentarlo, el nacimiento del cáncer está —en numerosas ocasiones—, envuelto en la majestad del misterio.

Este texto ha sido escrito con dolor, frustración, temor y cansancio… Encuentro, como denominador común, que al final, todas las opciones médicas buscan resaltar lo valioso y definitivo que es tener una firme actitud positiva para acotar, detener y destruir a las células cancerígenas. ¿Cuántas personas están en disponibilidad de hacerlo? Me refiero a quienes viven en soledad, ajenos al apoyo amoroso, clínico, familiar o amistoso.

Esta obra toma datos sólidos de agencias gubernamentales y también de organismos fuera del oficialismo, los escruta y rinde cuentas claras. Quiere ampararse en la fuente del optimismo y no siempre lo logra. Dado que no tengo la formación clínica de los médicos, he obtenido testimonios de quienes sí lo tienen y gozan de merecida reputación.

Los libros sobre este trastrocamiento celular, los indicadores médicos y el trato directo con oncólogos me han permitido conocer las múltiples dimensiones de la enfermedad más investigada en el mundo. Reitero, la determinación de salir adelante es capital. No obstante, cuando el resultado final ha sido el fallecimiento de familiares, amigos y conocidos, el luto sólo mitiga el dolor parcialmente y eso requiere de tiempo, quizás el que ya no tenemos, para darnos cuenta qué nada sustituye la presencia, la risa, el calor, la mirada, el humor, la piel, los logros, el cariño de quienes hemos amado entrañablemente.

Tlalpan,
Ciudad de México.
2024

El comienzo

En diciembre de 2022, empecé a tener algunos pequeños inconvenientes en mi sistema digestivo. No les di importancia pues los atribuí a los excesos que todos cometemos en las fechas próximas a la Navidad y el Año Nuevo. Se acentuaron en enero y decidí hacer una cita con un gastroenterólogo de confianza. De ese modo la realicé con mi amigo el doctor José Manuel Correa. Casi en automático los problemas desaparecieron al punto qué, llegada la fecha, estuve a punto de cancelar la visita. No lo hice ya que quise saludarlo, saber de su familia y de su vida en general.

Reunido con Pepe Correa le comenté que solo pasaba a saludarlo. Amablemente me respondió: "Lo hubiéramos hecho en un restorán o un café, pero ya que estás aquí, cuéntame cuáles fueron tus molestias". Relaté estreñimientos, diarreas y pequeños sangrados. Pepe Correa levantó las cejas, preguntó y preguntó hasta llegar a decirme: "Veamos qué tienes y te haré algo un poco molesto, pero necesario: un tacto rectal". En efecto, no me gustó la idea, pero noté su preocupación y accedí. No terminaba de ajustarme el pantalón después de la revisión cuando me dijo:

—No me gusta lo que ausculté. Es necesaria una colonoscopia.

—¿Qué es eso? —pregunté.

—Es un estudio exploratorio de tu aparato digestivo, especialmente del colon —respondió.

—Sin que te molestes Pepe, este hospital, Médica Sur, es carísimo y más desde que atendieron al entonces candidato López Obrador...

—No te cobraré nada y solo pagarás al anestesiólogo y un ayudante.

Salí reconfortado al saber que cuento con un buen amigo, pero preocupado por el hecho de necesitar un estudio explorador en mi intestino. Algo habría ahí para que un médico tan experimentado me lo recomendara. Después de ocho horas de ayuno y tomar dos o tres botellas de limpiadores del intestino, me sometí al estudio.

El resultado del mismo fue un antecedente de que algo mayor se presentaría. Pepe Correa me presentó un informe y nueve fotografías claras y contundentes: en seis el intestino se veía limpio y en las otras tres estaba ahí la tumoración, una mezcla de grisáceas y rojas protuberancias, un tumor cancerígeno.

Vi una mezcla semienroscada y tumefacta cubriendo parcialmente ese tubo que era mi intestino. Incluso creí poder olerlo. Algo putrefacto pero vivo. ¡Ahí lo tenía frente a mí, era el tumor que había anidado en mi recto! ¡Esa cosa la había creado mi propio organismo! ¡Eso frente a mis ojos era el cáncer que amenazaba mi vida!

—Lo siento muchísimo querido Raulito. Te recomendaré un oncólogo de primer orden —dijo mi amigo y por momentos bajó la mirada.

—Lo bueno es que ya lo sabemos —mencioné sin saber por qué lo había dicho. Quizás para no lamentarme, quizás para no mostrar una mezcla de irritación, tristeza y miedo. No lo sé...

Supe desde el principio y por propia experiencia que el tratamiento debiera ser rápido y eficiente. Hacerlo en una clínica privada o en el hospital que se encuentra cerca de mi casa, Médica Sur que hace ostentación de un galardón dado por una revista mercantil (*Newsweek),* como "El mejor de México", me resultaría carísimo. Decidí recoger las laminillas que mostraban el tumor en mi aparato digestivo y me dirigí al Departamento de Patología de Médica Sur.

Ahí me entregaron una descripción macroscópica, así como el diagnóstico: "Pólipo en colon descendente designado como biopsias de neoplasia de recto". Elegante manera de describir un cáncer. En una pequeña caja me entregaron dos bloques de parafina y dos laminillas HE, Q23-368 AyB, firmado por el Dr. Juan R. García el 1 de febrero del 2023.

¿Qué hacer con la certeza de albergar un tumor maligno?

Sabía que el tiempo apuraba. Un amigo y vecino me recomendó al Dr. Dan Green, se refirió a él en términos elogiosos y fui a verlo al hospital Angeles del Pedregal. Tenía muchos años sin visitar ese nosocomio, desde que se llamaba "Humana". Lo encontré transformado en un palacio de acero brillante y cristales gruesos como pasamanos y separaciones. Me sentí fuera de lugar.

El doctor Green me atendió y como no sabía si podía o no grabar la consulta, decidí poner en un bolsillo de mi saco el celular en la modalidad de *notas de voz* y registré la consulta. Me pareció que no añadía nada nuevo a lo que, para entonces ya sabía, que no era mucho pero tampoco era ignorante del todo, ya que me puse a leer y platiqué con tres doctores amigos. El Dr. Green me envió a realizar estudios de laboratorio BH, QS (28) ACE, EGO, una tomografía helicoidal de tórax y abdomen completo con contraste. También un ultrasonido endoscópico transrectal con la Dra. Maricármen Manzano y anotado su número telefónico. Al dirigirme a pagar con la secretaria me quedé asombrado: ¡dos mil setecientos pesos por treinta y cinco minutos!

Me dije: "Déjate de historias y ve a lo mejor que hay en México".

Revolví mis papeles y encontré lo que buscaba, mi viejo carnet del INCAN (Instituto Nacional de Cancerología). Me sentí aliviado.

Inmediatamente busqué a mi querido amigo Fernando Gabilondo, quien había sido durante ocho años el director de Nutrición. Él mencionó a Alejandro Mohar quien, a su vez, también había sido un exitoso director general del IN-CAN.

Me comuniqué con su secretaria y un día después hablé con él. Me dijo que hiciera cita con el doctor López Alavez, jefe de Oncología Médica de Gastroenterología. Desde que llegué al primer piso, inmediatamente noté el enorme número de pacientes. Cuatro años atrás, cuando fui tratado de próstata a base de radiaciones y logré detener el naciente cáncer. Sí, entonces éramos muchos pero me dí cuenta que ahora éramos una gruesa y abigarrada multitud.

Estuve en la sala de espera más de hora y media. Pacientes demacrados, jóvenes, pero sobre todo hombres y mujeres de más de cuarenta, quizás cincuenta o más años esperábamos tener consulta. En mi caso, la primera.

Al doctor López Alavez le mostré la colonoscopia hecha en Médica Sur, sonrió y me dijo:

—No la menosprecio, pero nosotros somos responsables y debemos comenzar de cero. Haremos estudios de sangre, radiografías, una colonoscopia y todo lo que sea necesario para llegar a un diagnóstico sólido. —Al doctor le mencioné que era portador de un marcapaso e ingería diariamente tabletas de Apixaban, Dromedara, Ezetmiba y Eprosartán—. No se inquiete, todo eso estará en su expediente —añadió.

—Es una sana inquietud, comenté y añadí: por propia experiencia, sé de la entera responsabilidad y del hecho que sus diagnósticos se hacen en forma colegiada; ahí están el radiólogo, él o la oncóloga, la cirujana —pensé en la muy conocida doctora Itzel Vela—, y hasta los asistentes.

—Cierto —respondió el doctor López Alavez y agregó—: Le va a ir bien. Tiene experiencia con nosotros, es usted un crítico analítico y cuando lo he leído en los periódicos ha mostrado ser estudioso; aprenderá todavía más y eso, créame, puede ayudar en su recuperación.

Vinieron días y, sobre todo noches, donde todo se mezclaba: la risa de Bruno, el más pequeño de mis nietos y las palabras alentadoras de mi esposa. Los rostros de mis hijos, algunos amigos y los siempre cálidos y entusiastas abrazos de mis nietos más grandes, Ilán y Teo.

Me fui a fondo y terminé por darme cuenta, tenía rabia, ¿por qué rabia? Porque sabía la vida me cambiaría, no más viajes largos como el que había hecho en septiembre pasado a visitar a mi nieto Ilán que, hasta entonces, estudiaba en Alemania y la prolongación que hicimos con él y mi hija Daniela a Países Bajos y Estambul. Mi querido Pepe Newman, para que pensara en otra cosa, me regaló un libro llamado *El rey del Cash*, que habla de las trapacerías del presidente de la República, escrito y documentado por Elena Chávez. Un documento sobre las decisiones que inocultablemente llevan a la corrupción y a la protección de las bandas de narcos y sus atrocidades. Es un documento de la esposa de quien durante más de quince años fue un cercanísimo amigo y secretario de propaganda del actual presidente. "¿Qué harían en la fiscalía general de la República?", me pregunté al hojearlo y dedicarle unas horas. La respuesta por parte de las autoridades ha sido y seguirá siendo nula.

Me concentré en la noticia de que tenía un cáncer de Colon maligno. Aquí y allá me hablaron de diversos especialistas. En la recta final quedaron dos: el doctor Javier Román y la doctora Itzel Vela Samaniego. El primero radica en España y la doctora atiende en las mañanas en el INCAN y en las tardes en su consultorio privado. Decidí entrevistarla, pedí una cita para conocerla. La visité en su consultorio privado, me escuchó, preguntó y pidió entrara a un privado donde me dijo auscultaría mis entrañas. Conforme me desvestía, me llenaba de pena. Esa elegante y fina doctora introduciría en mi trasero alguno de sus dedos para explorarme, y así lo hizo. Se quitó los guantes, se lavó, me invitó a hacer lo mismo y me pidió nos sentáramos en su mesa de trabajo. Ahí realizó un dibujo que mostró mis intestinos y como terminaban en una especie de cono cuadrado.

—Aquí, justo al final y casi mordiendo la parte dentada, al final del recto, está su tumor —pronto añadió—: Si estuviera unos centímetros más arriba, con una cirugía lo eliminaríamos, pero donde está, habría que cortar más arriba y eso tendría una consecuencia…

—¿Cuál doctora? —pregunté.

—Pues usted obraría en una bolsa afuera de su cuerpo, ya no lo haría como siempre lo ha hecho, no tendría usted la capacidad de expulsar su materia fecal. —Una colostomía. Quedé atónito—. Tendrá que recurrir al INCAN para ver si es usted candidato a radiaciones o a quimioterapia. —Volví a quedar de una pieza, sin capacidad de responder por largos, muy largos segundos. A pesar del mazazo, me causó una magnífica impresión y me alegró estuviera en las mañanas en el INCAN.

Establecí comunicación con el doctor Javier Román en Madrid, España. La distancia impediría me tratara (se puede ver la entrevista en el capítulo "Testimonios") y luego hablé al hospital considerado el mejor del mundo en materia cancerígena, el MD Anderson Center en Houston, Texas, y también con el Dona-Farber Cancer Institute, en Boston, Massachusetts. Las recomendaciones se centraron en el INCAN como el mejor hospital de México especializado en cáncer.

No había duda, la investigación que realicé y lo que me dijeron en el extranjero, me hicieron entrar con dedicación a seguir el diagnóstico médico que me dieran en el Instituto Nacional de Cancerología.

Refrendé lo que desde tiempo atrás supe: a pesar de todos los inexplicables recortes presupuestales, el mal trato gubernamental a muchos de sus reconocidos médicos, INCAN seguía siendo lo mejor.

Después de hablar con el jefe de Oncología, comencé a recorrer un calendario que marcó mis días, había adquirido una prioridad que cambió mi vida. Reúno los papeles y por un lado veo fechas y por otro los estudios y recetas que he venido recolectando a lo largo del año 2023:

- 16 febrero a las 15:00 horas. 1. Antígeno carci-noembrionario, electrolitos, paquete tres pruebas funcionamiento hepático (seis horas de ayuno) 2. Biometría hemática/ paquete de coagulación) química sanguínea (glucosa, urea, creatin), 3.CA 19-9 tracto gastrointestinal paquete 2 (química ósea).
- 17 febrero 14:00 horas. Resonancia magnética RM pélvica.

Y como esto, mi agenda llena en el año 2023.

Subo las escaleras que dan acceso a la Torre Nueva del Instituto Nacional de Cancerología (INCAN), ahí un par de policías controlan la entrada. Muestro mi carnet y uno de ellos me pregunta: "¿A dónde va?". Respondo con entusiasmo: "A estudios de Laboratorio". El policía contesta: "Fórmese ahí abajo, en la acera", y señala una fila de personas. La cola en la calle es tan larga que pareciera van a comprar boletos para un concierto de "Luismi".

No, no es con ese motivo. Sobre la acera, en el suelo, están pintadas unas rayas amarillas, separadas algo más de un metro entre sí y de este modo formadas decenas de personas articulan la fila en la calle. Casi llega a la salida de un garaje y regresa para buscar la entrada del edificio. Los que así lo hacen, tienen la posibilidad de recargarse en una mitad de pared sobre la que están insertados unos tubos. Quienes llegamos antes de las 8:00 a. m. vemos que enfrente de nosotros, hay algunos que llegaron todavía más temprano y están cubiertos con sarapes, otros traen un chamarrón y algunos pocos —los más jóvenes—, visten alguna chamarra de nailon con letreros en inglés.

Poco a poco la fila avanza, pareciera un gran cienpiés coloreado por vestimentas de todo tipo. Hay un trío de mujeres muy jóvenes que ríen y se quitan el cubrebocas, algunos voltean a verlas y ellas sonríen; la gran mayoría tiene la mirada en el cemento de la calle. Todos los que estamos ahí formados somos enfermos que luchamos contra un padecimiento potencialmente mortal, y esto se acentúa en los hombres y mujeres de todas las edades cuyos rostros tienen una palidez extrema. Hay una señora en silla de ruedas que empuja a una muchacha no mayor de veinte años. Cuando le toca llegar a la escalinata, toma una rampa angosta y un hombre con sombrero de palma le ayuda a subir la rampa. Uno de los policías se da cuenta y corre a auxiliar al dúo que empuja con dificultad.

Adentro, los más jóvenes y las mujeres más robustas suben por unas largas escaleras que superan los veinte escalones, ya que los pisos son más altos que los convencionales. Al fondo hay tres elevadores. Muchos nos acercamos a activarlos con temor. Tenemos presente lo que a una niña le ocurrió recientemente en un hospital del IMSS en Quintana Roo. Fue prensada hasta morir por unas puertas del ascensor que la asfixiaron.

La necesidad nos obliga y entramos ordenadamente hasta el primer nivel. Al salir hay en el piso, y pintadas con diferentes colores, varias flechas indicadoras. "Laboratorios" está pintada con amarillo. Como todos, sigo hasta el sitio indicado, ahí nos encontramos casi el mismo pelotón que subimos en el ascensor. Intercambiamos información entre todos. Mi ficha indica: "Biometría hemática, paquete de coagulación, química sanguínea de 3 parámetros, antígeno carcinoembrionario, pruebas de funcionamiento hepático".

—¿Viene usted en ayunas? —me pregunta una señora de unos sesenta y tantos años que está atrás de mí. Respondo afirmativamente y ella me dice—: Muchas bendiciones.

No es un caso único, aquí y allá mientras formamos fila ante una ventanilla, muchos se ayudan entre sí. Ahí entregaremos la ficha y más tarde seremos llamados por nuestros nombres y apellidos. No hay donde sentarse a pesar de los numerosos asientos metálicos y de otros que alguna vez estuvieron forrados. Somos muchísimos los que aguardamos de pie.

Miércoles 22 de febrero a las 9:00 a. m., Sala 2 Colonoscopia rectosigmoidoscopia completa con biopsia subsecuente. Ahí me atienden el Dr. Carlos Pacheco y la cirujana Genoveva Salgado. La doctora me pide sentarme frente a su escritorio, lo hago y ella saca de un cajón un folder con hojas amarillas, y va tomando nota de las preguntas que me hace. Todo esto es preparatorio para el estudio que me harán.

Otro día me toca ir a Oncología Médica de Gastroenterología en el primer piso del edificio viejo (Torre Avón) es una consulta subsecuente de tumores sólidos G3. Antes de subir, veo que el pasillo que da a la farmacia está abarrotado y me detengo a contar cuántas personas están haciendo fila. Son setenta y cuatro y siguen llegando más. Los hay con gruesas bolsas que cargan en la espalda, veo en la fila a seis adultos mayores con bastones y a dos mujeres embarazadas. Aquí y allá predominan quienes ostensiblemente carecen de recursos y sus vestimentas se ven muy usadas y hasta raídas. Son raros los que platican entre sí. Debiera haber silencio, pero un murmullo permanente sirve de base a palabras y hasta risas de quienes pasan por el corredor.

Me acerco a una de las dos ventanillas de la farmacia y escucho a la enfermera detrás de la ventanilla número 1, quien le dice a una señora de aproximadamente cincuenta años: "Lo siento, pero hoy no nos han surtido la Droneda-rona de 400 miligramos; dígale a su médico que le recete un sustituto por favor". La señora le responde: "No, no es justo, llevo más de una hora haciendo la cola y me sale usted con eso". Del otro lado de la ventanilla, la enfermera contesta amablemente: "La entiendo, pero qué quiere que hagamos, hoy no tengo su medicina, seguramente su médico le podrá dar un sustituto, otra receta…".

Esta plática que muchos la escuchan, dispara comentarios: "El presidente dice qué hay de todo, que no falta nada, que pronto tendremos una súper farmacia con todas las medicinas del mundo". "¡Ha!", exclama un hombre de overol azul con manchas de pintura en las mangas. "¡Otra mentira más, ya ni friega cuando no hay ni lo que estamos pidiendo hoy!".

Subo al primer piso y me encuentro –como siempre–, a decenas de pacientes ocupando las setenta sillas de la sala de espera, los hay recargados en las paredes, otros están en cuclillas, los más de pie y no falta la joven sentada en las rodillas de su madre, tía o hermana. Todos hemos entregado nuestra ficha y esperamos ser llamados por nuestro nombre para llegar a la consulta. Los de la clasificación G3, debemos pasar antes a que nos tomen los signos vitales: temperatura, presión arterial, peso, estatura, etcétera.

Entre las ocho de la mañana y la una de la tarde es el horario "Pico". Estamos arremolinados pero pasivos, esperando nuestro turno y aunque estemos citados a las 9:40 a. m, sabemos habrá que esperar lo que sea necesario.

¿Será igual que en Dinamarca donde la totalidad de sus casi seis millones de habitantes tiene asegurada la atención médica de calidad que según los *rankings* mundiales está entre los tres mejores del mundo?

Cuando el Congreso danés supo que López Obrador había hablado de que México tendría un "Sistema de Salud igual o mejor al de ellos" sonrieron, pero cuando les mostraron el video cuando el presidente de México afirmaba que a su pueblo los debía tratar como a pequeñas mascotas, sus sonrisas se volvieron resonantes carcajadas. ¡Qué pena y qué coraje!

Las enfermeras, doctoras y médicos mexicanos no son daneses, tragan saliva y superan el dicho presidencial con amargura, pero invariablemente tienen un sello de amabilidad envidiable. Sus salarios son muy medianos por no decir bajos, sus prestaciones mínimas y atienden a muchísimos más pacientes de los que pudieran atender. ¿De qué están hechos? Pacientes y cuerpo médico padecemos lo que a López Obrador le encanta decir repetidamente: "la austeridad republicana". No le haría mal venir a los consultorios, a las salas de espera, a los laboratorios, a los sanitarios y vivir esa realidad que él en su palacio virreinal desconoce totalmente, tanto que cuando enfermaba, se dirigía al hospital Médica Sur. Ahora no va a ninguna parte, le han instalado un hospital privado en el segundo piso del Palacio Nacional.

El Dr. Javier Cervantes Bojalil me entrega una receta que dice: "Diagnóstico: tumor maligno del recto. Descripción Loperamida. Comprimido tableta o Grajea. Cada uno de ellos tiene clorhidrato de Loperamida 2 mg en base con

12 comprimidos. Dosis, una tableta cada seis horas durante siete días".

"Diagnóstico: tumor maligno del recto. Descripción ondansetrón. Cada tableta contiene clorhidrato e hidratado de ondansetrón equivalente a 8 mg. Envase con 10 tabletas. Una tableta cada ocho horas durante siete días.

La ficha es clara: "Cuarta consulta subsecuente de gastroenterología". Como suele ocurrir, la sala de espera está abarrotada. Las enfermeras y asistentes salen de los consultorios y en las manos llevan los nombres de quienes ya pueden atender. Atrás de mí hay dos señoras, una de unos sesenta y cinco años y otra de aproximadamente ochenta que está en silla de ruedas. La primera le dice a la segunda:

—¿Ya se enteró que AMLO dice que si hay las medicinas, pero que sus adversarios dicen lo contrario?

—Nada de enemigos —responde la segunda—, casi siempre aquí en la farmacia nos dicen que no hay y este tipo en su noticiero de la mañana dice que quiere poner una farmacia gigantesca con todas las medicinas del mundo. Desde su silla réplica con voz firme—: ¡Mju!, primero que nos surta lo que nos hace falta y luego que cierre esa bocota parlanchina. —A su lado, un hombre con tenis sucios y chamarra raída les dice a las dos:

—Las oí y nosotros en Apizaco ya no le creemos nada. Si vieran ustedes cómo está la clínica de lo que es el Seguro Social. Ni cabemos y cuando dan cita, eh, pues te la dan hasta noviembre.

Saludo a doña Francisca que la he conocido precisamente ahí. Le pregunto cómo se siente y con un gesto de hartazgo me responde: "Stoy bien, gracias a mi hija y a estos doctores, pero la verdá es que me matan los viajes desde mi tierra…". Interrumpo para preguntar: "¿De dónde viene usted?". Responde poniendo los ojos en el suelo: "De Colima", y añade, "no hay quién sepa de cáncer, solo saben de partos y gripes".

Allá en el fondo a la izquierda, recargado en el marco de una ventana, un hombre recoge su mochila y dice: "Aquí" cuando escucha el que cree es su nombre. "No, soy Abel Venegas", regresa a su lugar, pero ya hay alguien ocupándolo. Dice para sí mismo, pero muchos lo alcanzamos a oír: "Les falta un micrófono o algo para que oigamos bien".

—Y papel higiénico —dice otra voz.

—¿Está usté formado para las citas?

—No señor, sólo estoy recargado —respondo.

—Ta bien, voy a la ventanilla. Espero no me envíen a octubre…

Una joven en *pants* está pegada a su teléfono celular, sonríe al colgar y ponerlo en su mochila. Se dirige a quien supongo es su pareja y sin ánimo de querer escuchar, alcanzo a oír lo que le dice: "Fui aprobada en el antígeno carcinoembrionario, a ver qué me dicen en la consulta pre-anestésica". "Tranquila", le dice el joven que la acompaña y la abraza cariñosamente.

"Es un absurdo pensar que puedes tener centralizado todo en una gran farmacia todas las medicinas del mundo, es una mentira, no se puede, no hay manera, ni normativamente. Hay reglas establecidas, no puede cualquier medicamento venir al país así porque sí. Pensar qué en Huehuetoca, donde está

la farmaciota, pueden alcanzar, y conste que voy a hablar de ciudades, no de pequeñas poblaciones, a Tijuana, a Matamoros, a Chetumal, o a Tuxtla Gutiérrez o Arriaga, es un absurdo".

Dr. José Narro Robles. Secretario de Salud 2016 a 2018. Ver entrevista completa en "Testimonios"

Sorpresas y sapiencias

Del ascensor sale un hombre flaquísimo y con el rostro desencajado. Los ojos los tiene hundidos y la mujer que lo acompaña casi lo arrastra. En silencio buscan un asiento. No lo hay. De una fila de en medio, un hombre de barba negra se levanta y les hace un gesto con la mano para que se siente el recién llegado. Su mujer lo acompaña y le dice: "Dios lo bendiga".

Escenas como esta he vivido a lo largo de mis consultas y tratamiento en el INCAN; invariablemente he visto en los médicos, asistentes, enfermeras y hasta en personal de limpieza, una actitud de empatía y cordialidad con los enfermos. Con frecuencia vi a gente muy humilde y de escasos recursos intelectuales, volver a solicitar información: ¿dónde están los laboratorios?; ¿en qué piso están los cuidados paliativos?; ¿dónde me atiendo de la próstata?; no encuentro la farmacia; ¿dónde está la Torre Beltrán?; ¿cómo le hago para cruzar el puente a la Torre Nueva?; ¿me puede indicar cómo llego a Trabajo Social?; ¿dónde puedo reponer el carnet que olvide en *el camión que me trajo de Tlaxcala?; voy a donar sangre, pero no sé si la mía es buena…*".

Nunca, en un año y medio he visto una respuesta ríspida, enérgica o malhumorada. Siempre hay indicaciones con buenas maneras, señalamientos claros e incluso acompañamientos con los más viejos o con quienes son transportados en sillas de ruedas. Pareciera que el personal de Cancerología no solo ha sido elegido por su talento, destreza en el manejo de instrumentos de precisión, sino también por su buen carácter y calidez al tratar con el abigarrado número de pacientes entre los que yo formo parte.

No exagero si pienso en que se respira una especie de colaboración solidaria con quienes ahí trabajan, lo hacen con empatía al ponerse en lugar de quien pide información y acusa la necesidad de ser atendido. No obstante, si pudiéramos elegir en qué momento enfermarnos para obtener los cuidados médicos de máxima calidad, sin duda nunca elegiríamos el presente sexenio de López Obrador, pues resumo, al ver todos los datos en materia de salud, ha sido el peor que hemos tenido.

…la repercusión económica es parte de este problema. Ahora en el último de los presupuestos nos redujeron el 21 %. Entonces, si ya la situación era grave, ahora va a estar mucho peor, pero no nada más es esto, sino la injerencia del coordinador de institutos que tiene todas las instituciones, desde poner gente como el director administrativo hasta poner médicos y dar órdenes internas, lo cual no le corresponde. Estamos en una situación grave porque ya se adjudicaron los hospitales de alta especialidad. Como usted sabe, había varios hospitales con esta categoría en el Bajío, en ciudad Victoria, en Oaxaca, en Chiapas, en Mérida y los van a adjudicar al IMSS BIENESTAR. Es el primer paso que quieren dar lo cual configura un verdadero desastre.

»Lo que está pasando en este sexenio, es que no hay planeación de ninguna manera. entonces cuando no hay planeación, las gentes que ponen a la cabeza de estas instituciones no tienen experiencia. Y seguido ha habido muchísima corrupción, tanto que

todo el dinero que había de reserva se acabó y no sabemos dónde quedó. Esta reserva la habían hecho durante muchos años los expresidentes, pero ahora ya está acabada. Supuestamente iban a invertir parte en medicinas, lo cual no hicieron. Entonces el IMSS BIENESTAR no puede funcionar porque va a ser igual que El INSABI, Esto es lo que era antes el Coplamar que atendía alrededor de 14 millones de personas, gente rural que no tienen hospitales, no tienen médicos suficientes y ahora con la adjudicación de los hospitales de alta especialidad, quieren hacer lo mismo. No tienen ninguna planeación.

Dr. Fernando Gabilondo. Director General de Nutrición 2002 a 2012 Ver entrevista completa en "Testimonios".

Quienes estamos enfermos de cáncer en cualquier parte del sistema digestivo, tenemos nuestro lugar en los primeros pisos del edificio "viejo" (Torre Avón) y si bien los estudios y los análisis e incluso las intervenciones quirúrgicas, se hacen en las nuevas instalaciones; casi todos tenemos recorridos semejantes, se nos pide la realización de resonancias magnéticas, constantes análisis de sangre, colonoscopias, electrocardiogramas, endoscopias, ecogramas, inhalo terapias, etcétera. Y todo esto se vuelca en expedientes individuales.

Aparentemente podría pensarse en que, ante tanta gente, la confusión podría reinar. No es así, el número del carnet es la llave individual de los cientos de miles que acudimos a los institutos de salud. Esto brinda seguridad a los médicos, a los analistas, pero sobre todo a los pacientes.

Cuando veo el cúmulo de fichas, recetas y notas que he ido acumulando desde febrero de 2023 hasta ahora en diciembre que comienzo a escribir este texto, me doy cuenta cómo los días, las semanas se han mezclado con los dolores, las preocupaciones, el temor con la esperanza que va naciendo a través de las experiencias de cada estudio, cada intravenosa y la ingesta de tabletas. Llega un momento en que las paredes con sus indicaciones, el piso con sus distintos colores instructivos, los ascensores, pero sobre todo los policías de la entrada, en los pisos, las enfermeras, y las doctoras, resultan familiares, incluso se llega a conocer parte de sus aflicciones, logros, aspiraciones y resultados, como los del policía Abraham o de la enfermera Bety.

¿Se puede prevenir el cáncer?

Prevenir, ¿es decir que no ocurra?, sí. La primera es eliminar el tabaco, si por alguna razón dejara de existir en el planeta, el 30 % de los tumores, es decir, de los dieciocho millones de personas que sufren cáncer en el mundo, al menos seis millones no aparecerían porque están asociados al tabaco. Junto con ello contribuye el alcohol, las infecciones; preguntémonos cuantos amigos, compañeros, colegas, escuchamos que tienen gastritis, gastritis crónica y no se tratan, se desentienden ante una infección bacteriana. De repente empiezan a tener dolor, vómitos de sangre. Quiere decir que esa bacteria ocasionó ya un tumor maligno en el estómago que es de las primeras causas de muerte en México. Esto es el cáncer de estómago en las mujeres que empiezan a tener sangrado transvaginal, hay que hacerles urgente-

mente un análisis de Papanicolaou, una prueba de B. P. H., examen ginecológico. Todo esto indica que si logramos evitar infecciones por virus del papiloma, nos cerramos ante el alcohol, evitamos el tabaco, la gastritis del 30 al 40 % de las enfermedades ginecológicas no aparecerían. Parece una ilusión, ¿verdad? Si todo esto se logra evitar, ya no llegarán a los hospitales como el nuestro, con síntomas y etapas muy avanzadas de la enfermedad. Es decir, sí se puede prevenir, si bien no todos, si los más numerosos.

Dr. Alejandro Mohar. Director del INCAN 2003 a 2013. Ver entrevista completa en el capítulo "Testimonios".

"Más vale que no te enfermes", me decía mi abuela, quien había nacido hace un siglo. Y así se expresaba porque sabía podías morir de un simple dolor de estómago, de una infección o de un resfriado.

En el México de hoy, entre las clases medias y — sobre todo—, en el multicolor mapa de los trabajadores, empleados, técnicos, mecánicos, campesinos, talabarteros, maestros, músicos, artesanos, choferes, desempleados y decenas de oficios y tareas para ir viviendo, los menos favorecidos y las clases menesterosas, pareciera que las cosas siguen siendo iguales, muy parecidas o peores a las que contaba mi abuela Eufracia S, viuda de López Acosta.

Recobrar la salud, de cualquier enfermedad, pero sobre todo de algo mayor como una diabetes, un traumatismo severo, padecer hipertensión, o tener cáncer, es un asunto de dolor y lujo. En los hospitales privados algunas personas tendrán seguros de gastos médicos mayores, los cuales están destinados a las personas maduras, ya que entre más edad tengas, los costos irán aumentando al punto que asegurar a una pareja de sesenta años o de mayor edad, cuando más se necesita, los pagos significan pagar anualmente un automóvil. Quienes carezcan de seguro y tengan un padecimiento serio o hayan sufrido un accidente, la vida les cambiará y será como un sendero a subir al Gólgota. Todo lo obtenido en la vida, ahorros, propiedades, vehículos, estarán en la mira para pagar hospitales idénticos a hoteles de lujo. Mármoles, tapetes, esculturas, lámparas vistosas, fuentes y asientos de gran comodidad estarán a disposición de quien pueda pagar consultas de varios miles de pesos, tratamientos literalmente millonarios y costosísimas intervenciones de los médicos afamados que, en turnos generalmente matutinos, atienden en los hospitales del IMSS, el ISSSTE, o en los hospitales del sector Salud donde la paga es generalmente muy baja y hasta inexistente.

La mayoría de nuestras enfermedades están cimentadas en la falta de información y una deficiente educación integral. El porcentaje de nuestros males debido al azar, la contaminación y los accidentes, es considerablemente mayor.

Nos enfermamos porque desde el vientre materno se nos nutre de ignorancia, desinformación, hábitos malsanos, mitos, estulticia y basura. Las madres quieren tener niños gordos como sinónimo de salud; se les proporcionan nutrientes de escasa calidad y muy dudosa procedencia. La escuela cierra el círculo ofreciendo nula o escasa información al alumno y en sus "tienditas" interiores, o las que están a la salida de la escuela, abastece a los educandos con un arcoíris de productos ricos en azúcar o de muy baja calidad.

Los medios de difusión, especialmente la televisión, están rebosantes de anuncios sobre todo tipo de relucientes, coloridas envolturas cuyos productos no dejan lugar a la duda: es el reino del azúcar. A ello hay que agregar la contrapartida de los productos considerados *milagro* para disminuir dolores de cabeza, pies, rodillas, garganta, dientes torcidos, varices, columnas vertebrales deformadas, y el sinfín de jarabes, pastillas y medicinas adornadas por jóvenes poderosos y lindas adolescentes.

Al comenzar el sexenio 2018-2024, de modo intempestivo, teniendo como bandera la lucha contra la corrupción y sin planificar ni medir las consecuencias, se decretó la desaparición del Seguro Popular. Por supuesto, tenía deficiencias, pero caminaba y, regularmente, atendía a más de 27 millones de personas, especialmente los más necesitados. Su objetivo era asegurar a la población menesterosa que no tuviera que exprimir sus modestos ingresos y accediera a los médicos y hospitales del sector público.

Al terminar el año 2018, las cifras oficiales indicaban que este instrumento de salud, había atendido en el sexenio a más de 89 millones de necesitados, se habían dado más de 237 millones de consultas y las intervenciones quirúrgicas ascendían a cerca de 32 millones. Estas cifras oficiales tenían la tendencia a incrementarse. Lejos de eso y en sentido opuesto, desaparecieron en un mar de confusiones, despidos de personal, desde grandes médicos a camilleros, afanadoras y choferes de ambulancias.

La mayoría de los casos en el Seguro Popular fueron gratuitos y en otros, se estudiaba la capacidad económica de las familias para realizar un cobro. El presidente López Obrador dijo que: "Ni es seguro ni es popular; antes bien, "es un nido de corrupción". Lo afirmaba contundentemente porque ese instituto había sido creado por el Dr. Julio Frenk en el sexenio de Felipe Calderón, y como eso encajaba bien en su bandera contra las corruptelas, se le redujo de un plumazo a cenizas y se inventó el INSABI —Instituto de Salud y Bienestar—, su propósito era exactamente el mismo, salvo que se destruyó la estructura que ya tenía creada en tres lustros a cambio de nada. Al nacer el instituto que debía proporcionar salud y bienestar, se decretó también la desaparición del Seguro Médico Siglo XXI. Cientos de doctores especializados, con estudios de maestría, condecorados, reconocidos internacionalmente, así como asistentes y postulantes, de un día para otro se encontraron en la calle.

De nada sirvieron las protestas del gremio y de miles de pacientes. Al revés, numerosos doctores fueron hostigados en redes sociales y hasta visitados frecuentemente por elementos y supervisores del SAT (Sistema de Administración Tributario) para verificar sus pagos de impuestos.

El INSABI comenzó en 2020 con un presupuesto de casi 76 mil millones de pesos y tres años más tarde, en un confesado acto de ineptitud y opacidad, desapareció junto con una bolsa de 107,216 millones de pesos.

De un plumazo, el INSABI desapareció y su instrumental —el que haya sido—, fue enviado al ya saturado IMSS. Organismo tripartito financiado por trabajadores y empleados, por los patrones y por el Gobierno federal. Con ello se convulsionaron las cuotas de los dos primeros, quienes nunca pudieron llegar a proveer los recursos que exigía el Gobierno.

Médicos afamados, otros indispensables y muchos que se desarrollaban en los Institutos de Salud, fueron difamados, acusados y hasta perseguidos por supuestos actos de corrupción que nunca fueron probados. Bien podemos imaginar lo que ha ocurrido con millones de enfermos haciendo filas interminables para ser atendidos, o dar continuidad a sus tratamientos. Preguntémonos cuántos lo han logrado y cuántos han perecido en el intento.

A ese caos, hay que añadir un elemento sustantivo, se nos dijo que las compañías que importaban y distribuían los productos farmacéuticos eran una mafia corrupta. Es posible que así hubiera sido. En ese caso, se esperaría primero una gran investigación y castigo a los corruptos y más tarde, la planeación y realización de un organismo eficiente que sustituyera a esos empresarios cuidando lo que sí era funcional, es decir, su sistema de distribución para que no faltaran medicinas en lo más recóndito del territorio, pero preguntémonos si había que anularlos, desterrarlos del país. ¿Y qué compañía o qué organismo les sustituiría? Se improvisó algo muy raro, por no decir insólito, otorgando esas facultades a la Oficialía Mayor de Hacienda, cuyo titular era la señora Raquel Buenrostro. ¿Acaso esta señora era una experta en manejo de medicinas; acaso sabía cómo las grandes compañías refresqueras o panificadoras hacen llegar sus productos a toda la nación? Evidentemente no y la tarea de obtener, identificar y distribuir los medicamentos, fue tan irregular y nulamente planeada que también pudo ser otorgada a la Subdirección del registro de automóviles o al jefe del Archivo Muerto de la desaparecida Secretaría de Recursos Hidráulicos, hoy CONAGUA (¿todavía existe ese organismo esencial para enfrentar la sequía y distribuir el agua en pueblos y ciudades?).

Pues algo muy semejante ocurrió también que al ver el fracaso de la señora Raquel Buenrostro, se pidió que la distribución de medicinas estuviera a cargo de ¡la Oficina de Servicios y Proyectos de la ONU! (sí, increíble, de la Organización de las Naciones Unidas). Obviamente eso no funcionó y entonces se creó BIRMEX, una solución entregada a los militares, para ser construida por militares y pasar a ser uno de los mil usos del sexenio que lo mismo son constructores de un aeropuerto comercial en lo que era la base militar de Santa Lucía, hoy el AIFA, que encargados de hacer el tren transístmico, o el Maya, construir refinerías, administrar puertos, aduanas, aeropuertos, crear aerolíneas, edificar parques turísticos, museos o supervisar la seguridad del presidente y su familia.

Cuando reviso los datos disponibles, lo mismo en revistas médicas como en las diversas investigaciones realizadas en universidades o en centros especializados, encontramos que la pandemia iniciada en diciembre de 2019, resultó ser la más grande catástrofe de salud pública en la historia de los últimos cuatro siglos en nuestro país debido a los excesos de mortalidad registrados en documentos oficiales. En tres años, los fallecidos sobrepasaron los 800 mil reunidas las cifras gubernamentales; por su lado, la suma de la Cruz Roja, los hospitales privados, las clínicas de provincia, los datos en registros de médicos particulares, las agencias mortuorias y las investigaciones periodísticas, sobrepasan más de 900 mil. Sumadas todas, están muy cerca de contabilizar un millón y medio de personas que perdieron la vida. Esto incluye a quienes tratando de auxiliar a otros, no lo lograron porque realizaron sus esfuerzos sin contar con el equipo de protección adecuado.

Asimismo, tuvimos una de las mayores cifras en or-fandad en nivel mundial. Desde la ONU y junto con los datos del CONEVAL (Consejo Nacional de Evaluación de la Política de Desarrollo Social), se vio que, por primera vez en un siglo, la expectativa de vida del mexicano descendiera 4 años. Bajó de 75 años en 2019 a 71 años en 2021. En las mediciones de la Organización para la Cooperación y el Desarrollo Económico (OCDE), descendió México 10 años debajo del promedio de estas naciones, que es de 81 años.

El informe de CONEVAL de 2022, indicó que la desaparición del Seguro Popular y el fracaso del INSABI (Instituto Nacional para la Salud y el Bienestar) provocaron que sean 51 millones de mexicanos sin cobertura de salud, el número más grande de desprotegidos de nuestra historia como país. En este reporte, se ve el incremento en las consultas privadas, que pasaron de 12 899, 760 en 2018, a 17 391, 242 en 2022. Los consultorios en las farmacias, con doctores primerizos o pasantes, atendieron 12 591, 646 personas en el 2022.

¿Quiénes han sido los más afectados? Los habitantes de Oaxaca, Chiapas y Guerrero en primerísimo lugar y seguidos muy de cerca por Hidalgo y Veracruz, en donde solo 1 de 3 niños menores de 18 meses tiene el esquema básico de vacunación. La preparación para prevenir infecciones por el virus del papiloma, solo ha sido aplicado al 0.5 % de la población susceptible de desarrollar carcinoma cervicouterino. Otras vacunas como la de rabia, totalmente prevenible, se encuentra en desabasto en todo el país.

Luis Miguel Gutiérrez Robledo, director de Geriatría (INGER) calificó estos datos como un rezago histórico y un gigantesco reto para volver a tener calidad de vida, específicamente entre las personas mayores.

Bien sabemos que la primera prioridad de todo gobierno es la salud de sus gobernados; sin este componente básico ya no es posible hablar de alimentación, seguridad, habitación y educación. En 2023, 4 de cada 10 habitantes carecen de todo tipo de resguardo. Al contraerse lo que debiera ser un servicio universal gratuito, tal como lo pregona la Constitución, esto ha favorecido a la medicina y los servicios privados. Para el año 2022 el número de personas que tuvieron la necesidad de recurrir a los servicios privados fue de 22 621 mil. La cobertura de salud pública se contrajo en 4 200 mil pacientes durante los tres años de la pandemia COVID-19. En otras palabras, cuando más se necesitaba, ésta disminuyó.

Mientras esto ocurría, la atención en el sector privado aumentó en este gobierno en 8 600 mil. Los consultorios y hospitales privados recibieron en 2022 a 17 millones y medio de enfermos, 4 378 mil más que en 2018, un aumento del 35 %. Como vemos, salud pobre, disminuida o privada para los pobres.

Envueltos en una duda que no sabíamos si lo que teníamos era una fuerte gripe o COVID, mi mujer y yo no sabíamos si hablar con algunos de nuestros amigos médicos de alta jerarquía, como mi cardiólogo o su gastroenterólogo o pedir una cita en algunos de los hospitales que, en el sur de la ciudad nos quedan cerca, Médica Sur o Ángeles, ya que en Nutrición o Cardiología podrían enviarnos a consulta externa hasta mucho tiempo después.

Decidimos probar en lo que han hecho millones de mexicanos y fuimos a la Farmacia San Pablo de la avenida San Fernando en Tlalpan. Nos encontramos un lugar agradable, limpio y con una asistencia inmediata. Dos enfermeras rechinando de blanco y amabilidad, nos pidieron nombres, domicilios, teléfonos y nos hicieron pasar, uno a uno a tomarnos los datos básicos: temperatura, presión arterial, estatura, interrogatorio sobre los fármacos que ingerimos, alergias y la razón de nuestra visita. Nos pidieron nos sentáramos a esperar, el médico nos llamaría. En una sala con seis asientos, nos llamaron a cada uno en menos de diez minutos. Mientras esperaba mi turno, fue inevitable escuchara la conversación de un par de señoras jóvenes de unos cuarenta años hablando primero sobre Lady Diana y después sobre el cáncer del rey Carlos III de Inglaterra y ahí me enteré estaba siendo tratado en la London Clinic, es decir, un hospital privado. Quise saber más, pero una de ellas fue requerida por el médico. Estaba a punto de pedirle a quien se había quedado me informara más pero fui llamado a consulta.

Quien me atendió fue un médico cirujano, tal y como se mostraba en un diploma enmarcado de la UNAM. Me hizo preguntas sobre mi alimentación, enfermedades recientes y crónicas, me auscultó con el estetoscopio detenidamente y al ver su profesionalismo también le pedí viera una molesta rozadura que me comenzaba en la ingle. Me pidió me recostara, descubriera y examinó cuidadosamente.

Se lavó las manos y en la computadora escribió la receta, para la gripe y para mi naciente molestia. Con una clara relación de empatía me despidió y conocedor que una consulta semejante en un hospital privado me hubiera costado un mínimo de mil quinientos pesos, o más, me dirigí a pagar. Mi sorpresa fue enorme. Solo me cobraron sesenta pesos. ¡Sesenta pesos!

Los fármacos indicados para mi esposa y para mí fueron baratos y, sobre todo, eficaces. No molesté a ninguno de mis amigos doctores y constaté que, para lo grave, tenemos los saturados Institutos de Salud. Para lo inmediato ya podemos recurrir, como millones de mexicanos, a los consultorios adyacentes a las farmacias.

Los datos de la Secretaría de Salud (2018 a 2022), me indican qué para las personas sin seguridad social, 44 699 512, se quedaron sin consulta y 532 mil no pudieron entrar a los distintos procesos quirúrgicos. Estos datos se ahondan con lo señalado en "La silla rota" que señala: *"Solo para 2022, el IMSS gastó 26 millones 837 mil 114 pesos en contratos para la subrogación de servicios para laboratorios de oncopatología. A pesar de ello, el IMSS dejó en espera a 67 mil 016 personas con sospecha de cáncer por falta de equipo".* Así que esa actitud positiva, en cuanto ingresar a los nosocomios nacionales debe ser moderada. Están saturados.

Para redondear mi estado de ánimo, me encuentro el 03/02/2024 en "El Universal", la nota confirmada que en 2022 fallecen 137 mil personas por cáncer en 2022/23. ¿Y qué ocurre en los años subsiguientes? Si bien al editarse este libro los datos aún no salían a la luz pública, un crecimiento anual de un 7 % (crecimiento anual vs. atención sanitaria promedio últimos diez años), no sería excesivo, antes bien, quizás es francamente bajo.

El economista y profesor universitario, Ciro Murayama, escribió el miércoles 23 de agosto de 2023 en las páginas de El Financiero:

"Los consultorios adyacentes a farmacias pasaron de atender 8.6 a 12.6 millones, cuatro millones más (los mismos que desatendió la Secretaría de Salud) fue un negocio pujante de una mayor privatización de la salud: populismo neoliberal y claro, aquí mandan las reglas del mercado, cuando crece la demanda por servicios privados ante el declive de la atención pública, aumentan los precios. Y añade el profesor: En México la salud se vuelve cada vez más una mercancía que se intercambia a precios y costos mayores y menos un derecho universal de acceso para todos como marca la Constitución".

Panorama sobre la salud en el México de hoy

El primer componente es el que destina el Estado a la salud pública, es decir, está a cargo de lo que son los organismos de salud, lo que era el Instituto Mexicano del seguro social, el Seguro Popular, el Instituto de Servicio de Salud para los burócratas, (ISSSTE) lo que Pemex destina a sus trabajadores, los hospitales y clínicas de los estados y, por otra parte, nos encontramos con los servicios privados.

Conozco el Sistema de Salud público de México, conozco y soy especialista en la Salud Pública y fue una experiencia, corta, acotada por la realidad política, económica del país, y en donde pude percibir con toda claridad, habiendo estado previamente en la secretaría de Salud, en el IMSS, en el ISSSTE, en los servicios médicos de la Ciudad de México, de los problemas que tiene el sistema. Un sistema que tiene más de ochenta años que se inicia en 1943 cuando se funda el IMSS y se establece la Secretaría de Salubridad y Asistencia, yo digo, sin salud no hay nada. Soy uno de los miles que dice, para cualquier cosa requerimos de salud. Después surgen entidades como instituciones que tienen sus propios sistemas o servicios como el Estado de México para los trabajadores al servicio del Gobierno y lo mismo en Pemex, Marina, la Defensa, ISSSTES estatales y municipales como en Saltillo, Hermosillo y así hay una multiplicidad, pero nunca es suficiente, ya que en este sexenio se han descompuesto las cosas.

Dr. José Narro Robles. Ver entrevista completa en "Testimonios"

¿Cuál es el panorama al que se enfrenta una persona enferma?

La medicina privada, antes que nada, es un negocio muy lucrativo. Comencemos por los estacionamientos que debieran ser gratuitos, pues nadie va a una clínica o a un hospital de compras o a divertirse, cobran por el tiempo que transcurra desde que se busca al médico, se le espera, se realiza la consulta que llega a tener el costo de varios miles de pesos y se cuece en el perol del abuso, el tratamiento o la intervención quirúrgica. Tengo en mi poder comprobantes de 672 pesos solo por concepto de estacionamiento cuando alguien vio a su médico y se hizo un estudio de apéndice. No es un caso aislado, sino lo más común que una enfermedad arruine a una familia por haber tenido como opción curarse, o tratar de hacerlo en los recintos de la medicina privada.

La medicina en hospitales públicos comienza por los recortes presupuestales que han sufrido a partir de 2019, el 2021, 2022 y 2024. Esto impide el aumento a los modestos salarios de médicos y enfermeras para no mencionar los de asistentes, camilleros, personal administrativo y de limpieza.

¿Qué ocurre con los pacientes?, ¿cómo avanzan sus enfermedades?, ¿dónde adquieren sus medicamentos?, ¿cómo los pagan? Para septiembre de 2023, sumaron más de 44 millones de recetas no surtidas debido a una escasez profunda, constante e incontenible tanto en el sector público como privado.

Estas irregularidades se dan porque en México no hay un Sistema de Salud que responda a esa necesidad. Tenemos por un lado el sector público, compuesto por el Instituto del Seguro Social que está basado en un acuerdo tripartita. Una tercera parte la aportan los patrones, una segunda las cuotas de empleados y trabajadores. Finalmente, una tercera con recursos federales.

Además, está el ISSSTE para atender exclusivamente a los empleados y trabajadores del Estado, están los servicios de los Institutos de Salud. Aparte están las clínicas y hospitales privados. A estas instalaciones tienen acceso quienes hayan comprado un seguro de gastos médicos mayores. Cuando el cliente de ellos se convierte en paciente y tiene que pagar la atención que le hayan brindado, tiene que pagar el deducible y el coaseguro que siempre son importantes porcentajes contra quien los haya adquirido. Hay que subrayar qué a mayor edad, el asegurado tiene que pagar cuotas anuales que siempre aumentan.

A esto en su conjunto no se le puede llamar un sistema que cubra a toda la población mexicana. Es, desde luego, una forma privilegiada para quienes cuentan con ingresos mayores, mientras que la población menesterosa y de clase media que no tenga un trabajo fijo, queda a la intemperie y a su suerte.

Considérese que el 62 % de la población económicamente activa lo hace sin una remuneración fija, según nos dice el INEGI en el año 2022.

Bien sabemos son los pobres quienes soportan el mayor peso en la desatención de los servicios públicos en materia de salud. Ahí están los habitantes de Oaxaca,

Chiapas, Guerrero, Hidalgo, Veracruz, Tabasco y Tlaxcala, quienes tienen todo por perder ante las enfermedades de todo tipo, desde las más simples hasta las más complejas.

El 39 % de los mexicanos registró una severa caída en su acceso a hospitales públicos. Fueron y, siguen siendo los más desprotegidos. Veamos, en 2018 los más necesitados fueron 16.2 millones y, para fines del 2022, fueron 30. 3 millones de personas, incluidos los niños y los más ancianos. Esta cifra se cuadriplicó en Oaxaca, Chiapas y en Guerrero. Los menores incrementos en cuanto a falta de atención médica, se han dado en Coahuila, Ciudad de México, Baja California Sur, Chihuahua y Nuevo León. Sofía Ramírez de la institución "¿Cómo vamos?", señala que el CONEVAL evalúa que son muy numerosos los casos en qué hay familias arruinadas para sacar adelante a algunos de sus miembros y llegar a lo que se denomina Gasto Catastrófico.

Esto significa que llegan a desprenderse del 31 al 59 % del total de lo que tienen como ingresos totales de la familia. Aquí se hace énfasis en que esas personas acuden a servicios médicos vinculados a farmacias en donde existe muy poca regulación del personal que atiende y en las medicinas que recetan. A todo esto, hay que agregar el desorden que se da en "el pase al IMSS", donde la gente tiene que hacer filas interminables para recibir el rechazo reiterado en citas que nunca se cumplen.

El aumento en los precios de los alimentos, el pago del llamado derecho de piso en los terrenos agrícolas o en la renta de los locales, facilitan qué tanto en nutrición como atención médica, los más pobres sean los más vulnerables. Tanto que en estados como Guerrero, Oaxaca o Michoacán, ya aparezcan casos de Lepra y

Sarampión que habían sido erradicados desde dos o tres decenios anteriores.

Los datos del CONEVAL nos dicen que no solo en estados pobres, sino en otros de mayor potencial como Jalisco, concretamente, son más de 3 millones de personas que no tienen acceso a las instituciones de salud, ya que eran atendidas por el Seguro Popular y por el INSABI que ya han desaparecido.

Durante 2022, 15 251 891 recetas no fueron surtidas debido a que no hubo las medicinas que ordenaban los médicos. Comparado con el reino de Dinamarca, cómo gusta hacerlo el presidente López Obrador, no hay un solo habitante de ese país que no tenga acceso a las instituciones de Salud. Con datos daneses, el año pasado se atendieron a 637 mil personas con solo un 0.003 % de incumplimiento y ninguna de ellas careció de atención en los tres niveles en que se desarrolla ese sistema danés.

De los servicios estatales de salud únicamente se recibió información completa de doce entidades: Aguascalientes, Baja California Sur, Chihuahua, Colima, Guerrero, Michoacán, Guerrero, Michoacán, Nuevo León, Puebla, Tlaxcala, CDMX y Querétaro. La menos surtida fue Chihuahua con un 30.9 %, Baja California con 27 %, Puebla con 60.8 %

Al revisar la tendencia del desabasto de medicinas en los grupos de enfermedades que más reportes realizaron, se encontró que las enfermedades relacionadas con la salud mental estaban en el pináculo, si así lo podemos llamar y detrás de estas se encuentran el cáncer, la diabetes, las enfermedades y padecimientos neurológicos, así como las enfermedades reumatológicas.

Durante el año 2022, la Comisión Federal para la protección contra riesgos sanitarios, (COFEPRIS), registró un incremento de 142 % en el número de alerta, emitidas por casos de medicinas falsificadas y adulteradas, según las cifras recabadas por la radiografía del desabasto de medicamentos en México 2022.

Mientras esto ocurría en nuestro país, en el Reino de Dinamarca, el movimiento de investigación médica permanente, estimó conveniente ayudar a once países no desarrollados para salvar a más de 355 mil personas heridas y enfermas crónicas.

El doctor Francisco Moreno publicó el 21 de enero de 2023, en la red social X, antes Twitter, las siguientes comparaciones:

1. Expectativas de vida al nacer:
   México, 72 años
   Dinamarca, 82
2. Mortalidad gestacional
   México, 55 mujeres por cada 100 mil
   Dinamarca, 5 mujeres por cada 100 mil
3. Cobertura de vacunación infantil
   México 31.7
   Dinamarca 95.7
4. Inversión per capita en Salud
   México 678 dls
   Dinamarca 6 mil 304 dls
5. Ranking mundial en Salud
   México 72avo lugar
   Dinamarca 03 lugar

Comparativamente, quedamos muy debajo de daneses sin contar el alto número de fallecidos por enfermedades crónicas, más las causadas por hipertensión arterial, obesidad y diabetes, se incrementó en 29.6 % en México sólo en el año 2023.

Eduardo Amieva, Director Médico de Atrys Health Mexico, con motivo del *Día Mundial de Cáncer de mama, que* es una enfermedad muy agresiva que puede ser curada en el 99 % siempre y cuando se le localice en sus etapas tempranas con prevención y adecuada atención médica. ¿Qué tanto de esto se da en nuestro país? El directivo indica que, según estadísticas de Globocan, 2 millones y un poco más de 270 mil mujeres son pacientes de este tipo de cáncer y de esa enorme cantidad, más del 25 % son de cáncer de mama. En el mundo mueren 700 mil mujeres anualmente y en nuestro país sobrepasan las 30 mil cada año. Y esto porque no hay ni campañas preventivas ni médicos que las atiendan ni medicinas proporcionadas en tiempo oportuno.

En 2021, en México se registraron un millón 122 249 defunciones, de las cuales, 90 123 fue por tumores malignos, lo cual mostró que la tasa de fallecimientos por esta causa aumentó en forma constante al pasar de 6.09 defunciones por cada 10 mil en 2010, a 7.06 en 2022.

En México el cáncer es la tercera causa de muerte. Fallecen debido a esta enfermedad 14 de cada 100 nacionales y la expectativa de vida de quienes la padecen es de alrededor de 63 años.

Imaginemos qué pasaría si el gobierno de Morena NO se ocupara, como dice hacerlo, de los más pobres del país, especialmente con entidades federativas que presentaron la tasa más alta fueron Ciudad de México, Colima, Veracruz, Hidalgo, Guerrero, Tlaxcala, Chiapas y Morelos.

Los cinco tipos de cáncer que causan un mayor número de fallecimientos son los siguientes: uno, cáncer pulmonar con 1 millón 69 mil defunciones por año; dos, cáncer hepático con 788 mil defunciones; tres, colorrectal con 774 mil defunciones; cuatro, gástrico con 754 mil de defunciones y, cinco, cáncer mamario con 571 mil defunciones por año.

De acuerdo con la organización mundial de la salud, el factor que limita la detección y tratamiento del cáncer se encuentra en la dificultad, en el acceso a los servicios de salud y la tecnología disponible para la detección y tratamiento oportuno.

En diversas reuniones de la OMS, Organización Mundial de la Salud, se han preguntado a qué se debe el que el Gobierno mexicano se haya empeñado en bajar constantemente y sin explicación, el presupuesto asignado al Sector Salud que, en tiempos pretéritos, tenía una tendencia a aumentar progresivamente. Al mismo tiempo, la contratación de médicos jóvenes, enfermeras tituladas seguía una ruta de desempeño satisfactorio. Lo cual en la actualidad desmerece y con ello la salud de numerosos mexicanos se ha visto deteriorada. Ahí están las estadísticas de fallecimientos.

Rebajar, reducir los presupuestos destinados a la salud pública, es un atentado inexcusable a la población, en especial a la de menos recursos.

Dr. José Narro Robles ver la entrevista completa en "Testimonios"

Al finalizar la pandemia, México obtuvo el vergonzoso primer lugar en el mundo en cuanto a fallecimientos de médicos y enfermeras. ¿Por qué? Debido a que no tuvieron los cuidados y equipo necesario para enfrentar al virus. Además, tanto el presidente del país como el subsecretario encargado de orquestar la lucha, Hugo López-Gatell, dijeron que el cubrebocas, el lavado de manos, los desinfectantes no eran necesarios. Este individuo llegó a asegurar que no pasarían de 60 mil los fallecimientos. No aumentaron un poco… sino muchísimo, más de 800 mil. La negligencia se casó con la ineptitud. Hubo momentos en que la palabra COVID no tenía el significado letal que el oficialismo le quitó al señalar que el presidente de la República irradiaba fortaleza y esperanza. Tres veces se enfermó y quién sabe a cuántos sin vacuna contagió sin que supiéramos con qué resultados.

Japón, con un número de habitantes semejante a México, solo tuvo 58 mil fallecimientos.

En cuanto al cáncer, ¿cuáles son los efectos a quien se le dice que lo padece? Me refiero a las condicionantes emocionales de respuesta, en especial a quien no tiene sobre peso ni ingiere alcohol ni fuma.

La palabra cáncer está cargada, cargada porque desde que empezó a ser empleada en relación con la salud, lo que consta, y es el origen de su uso, refiere que hay un conjunto de células que no deberían estar ahí dentro de tu organismo. Conjunto de células que estorban y que se convierten en un objeto, un objeto que está agarrado ahí; eso es un cáncer. Un cáncer es un cangrejo es una masa que está agarrada. Ahí. Esa es la imagen de la palabra que muy probablemente los médicos de hace un par de siglos dijeron y cómo le llamamos a esto. Hubieran podido decir pues es una bola, pero no fue así. Alguien dijo 'parece un cangrejo', de ahí viene la palabra cáncer y además de estar agarrada. Pregúntale a la gente qué es lo que se imagina. Pues probablemente alguien podrá decirnos cualquier otra cosa, pero lo que sí, puedo decir es que para quien recibe esa noticia es muy mala, es muy mala porque desde niños alguien dijo 'mi papá está enfermo de cáncer'. La gente que lo escuchó, abrió los ojos y dijo '¡qué horror!'. Es decir, desde niños. Sabemos que eso es una palabra grave, una palabra que quiere decir que esa persona que recibió la noticia se puede morir o que está muy enfermo que va a tener que buscar cuanto antes a un médico y eso a la familia le provoca angustia, le provoca un malestar permanente porque es mucho peor que decir que tiene un catarro, es mucho peor que decir que te van a sacar una muela, puesto que nadie se muere de un catarro, pero del cáncer híjole, yo no sé. Pero el contenido mismo de la palabra, repito, está sumamente cargada.

Dr. Psiquiatra José Newman; ver entrevista completa en "Testimonios"

Es muy cierto, esa palabra recorre todas nuestras fibras y como géiser de agua torrencial, nos baña de nuevas y no siempre cálidas emociones. A esto hay que sumar lo que pesan las restricciones y las carencias de los institutos de salud y cómo la disminución en los presupuestos del sector ha lesionado severamente la atención a los pacientes y presionado las actividades del personal que brinda los cuidados de salud. A pesar de ello, los hospitales, las cirugías, los tratamientos, las consultas y los laboratorios continúan trabajando arduamente y con acusada efectividad.

A manera de muestra, enlisto las acciones programadas que tuve sólo para el mes de agosto del pasado año 2023:

1. Estudios de laboratorio, Torre nueva,
2. Electrocardiograma, 2do piso, Torre Beltrán,
3. Presentar electro al médico internista,
4. 9:00 a. m. Gastroenterología,
5. Torre de hospitalización, 3es piso Inhaloterapia,
6. Torre Beltrán, Ecograma,
7. Torre nueva, en ayunas, laboratorio,
8. Edificio viejo, (Torre Avón) Unidad funcional,
9. Edificio viejo, 2do piso, Colonoscopía,
10. Consulta con Dra Itzel Vela,
11. Torre Beltrán, Internista,
12. Tomografía, laboratorio.

Esto es la actividad para un solo individuo. Podemos imaginar las interrelaciones para centenares, miles en veinticuatro horas.

Sobre la Medicina Privada

A la escalada de aniquilar el Seguro Popular para tratar de crear un organismo con pies de plomo y una nariz chata como de cerdo llamado INSABI (Instituto Nacional para la Salud y el Bienestar), lesionando los intereses de más de 51 millones de mexicanos, en su momento, nos enteramos qué a los recortes presupuestales en el Sector Salud de los cuatro pasados años, la inversión destinada a este sector tuvo ¡una caída anual de 33.9 %!

¿Por qué castigar así a millones de seres enfermos despojándolos de lo que era un paraguas protector ante todo tipo de enfermedades incluso de muerte? A ese desprecio por los más necesitados, hay que oponer como contraste a quienes tienen recursos económicos y pueden pagar las cuentas de los hospitales privados, e incluso llegar a tener a sus nietos como es el caso del presidente de la República, en Houston, Texas muy cerca de una obsoleta refinería que le costó al erario 8 mil millones de dólares. Así, el Sistema de Salud languidece y sus directivos no dejan de repetir que todo está bien, incluso se proporcionan datos positivos aislados sin ver la situación completa y con una carga de optimismo inexplicable.

Y si todo esto fuera suficiente para reprobar las absurdas decisiones que causan tantos males de todo orden, tenemos que ver cómo las autoridades sanitarias tienen relegada a la medicina integral compuesta por la milenaria y ancestral medicina china, la acupuntura, la herbolaria tan rica y potencialmente poderosa, así como todo el arcoíris de prevenciones en lugar de los tratamientos auspiciados por laboratorios extranjeros. Doctores como Abelardo Ávila, Gabriel Bertona, Efrén Cabrera de México y hasta premios Nobel de Medicina (2018) como el estadounidense James Allison y, por otra parte, Walter Willet de Harvard, han generado el impulso y desarrollo de alimentos saludables sin contener transgénicos ni agrotóxicos, así como la distribución y comercialización de hierbas medicinales y suplementos naturales.

Lejos de ello, ostentamos el primer lugar en obesidad infantil y en no menos gloriosos lugares, la diabetes, la hipertensión, el cáncer y los trastornos del corazón. La secretaria de Salud pareciera ajena a todo esto, pues no desperdicia oportunidad de señalar que todo marcha de acuerdo a una transformación exitosa. Y claro, lo hacen los funcionarios que nunca ponen pie en el Hospital General, el 20 de noviembre, el Gea González o en las clínicas del IMSS y del ISSSTE, Institutos de Salud donde los remedios son los convencionales y además aplicados con la tardanza a la que obligan la falta de medicinas, la falta de contratación de nuevos recursos humanos, y el escaso o nulo mantenimiento de lo más indispensable.

No puedo evitarlo, pero con frecuencia pienso en el pernicioso periodo de la epidemia de COVID-19, cuando a los ojos de todos, veíamos en televisión o en fotografías y videos cómo moría gente en la calle o en los pasillos de hospitales. Fueron ostensibles tanto el pésimo manejo de los insumos que había, así como declarar a los hospitales públicos como "hospitales COVID" y dejar sin atención a quienes ya tenían citas y lo peor, anular a quienes ya tenían tratamientos del corazón, la vejiga, el pulmón, cáncer y trastornos de lo más diverso. Los recortes a los presupuestos de hospitales públicos bien pudieran considerarse como acciones sin destino, inexplicables, irracionales y hasta criminales.

Cuando usted enferme y trate de encontrar remedio, no olvide lo que tanto nos repiten: "Vamos muy bien…". Sin duda un conocido refrán presidencial repetido en radio y televisión.

El 6 de marzo de 2024, Max Caiser señala en X, antes Twitter, que el llamado "segundo piso de la Transformación » que promueve la señora Claudia Sheinbaum, respalda un Sistema de Salud Pública que dejó sin consulta médica al 46 % de los enfermos más pobres y sin cirugía a 503 mil personas.

Ante el desastre en que vive el Sector Salud público, ¿Quiénes han sido los ganones? Todas las cifras, estadísticas y datos duros nos dicen que han sido los hospitales y clínicas privadas. ¿Sabe usted que el promedio de una consulta en hospitales como el ABC, la cadena Ángeles, o Médica Sur ("el mejor hospital de México") o cualquiera de las muchas clínicas de la capital de la República? La sola primera consulta es de 2 mil pesos o más y las subsecuentes son de 1700 o 1900 pesos.

Una resonancia magnética va de once a 16 mil pesos dependiendo del laboratorio al cual hay que añadir de 1200 a 3 mil pesos por el líquido de contraste; un PET no baja de 12 mil pesos y en Médica Sur una tomografía puede costar 22 mil y hasta 64 mil pesos, como ha sido mi caso concreto.

Ocupar una habitación puede costar 10 mil pesos por solo unas horas y una estancia de tres días en terapia intensiva en cualquiera de los mencionados o en "el Hospital Inglés" puede promediarse en 230 mil pesos como mínimo. Precios semejantes a hoteles de lujo.

Aún no hemos hablado de cuidados intensivos o estancias de una semana. Ahí los precios pueden costar, incluyendo médicos, anestesiólogos, asistentes, camilleros y estudios aleatorios, más de un millón de pesos. No hablemos de enfermos terminales porque habrá que vender el auto, la casa o ambas propiedades para solventar los gastos médicos. ¿Y si hablamos de las medicinas? Aquí los precios son cada vez mayores. En todo esto rige la ley de la oferta y la demanda que invariablemente favorece a las farmacéuticas.

Pongo un par de ejemplos: el Regivas para controlar arritmia cardiaca subió de 1300 pesos a 1700 en solo seis semanas. Ese mismo producto, pero de mejor calidad, Setalol, el frasco de 120 comprimidos cuesta en Europa cinco euros, es decir, menos de 100 pesos. El Elicuis (Apaxiban) costaba mil cien pesos, hace 7 meses, ahora cuesta 1800.

Desde el 2019 el número de personas atendidas por el sector público ha descendido considerablemente debido a que la cobertura de salud disminuyó en más de 4 millones debido a que, equivocadamente, los hospitales públicos se dedicaron todos a tratar de atender la pandemia del COVID. Esto motivó enormes rezagos en citas, tratamientos, cirugías, parálisis de laboratorios cuyos resultados registrados llegan a más de 800 mil fallecidos y un número de más de 370 mil desatendidos que no encontraron refugio salvo a costos inalcanzables en los hospitales privados.

Véase el caso de cobrar más 2 mil pesos en "el mejor hospital de México" por aplicar las vacunas Pfizer que eran repartidas en algunas zonas de la capital en forma gratuita.

¿Cuánto ganaron los privados durante la pandemia manejada en forma tan desarticulada por el sector comandado por Hugo López-Gatell? Aún más este señor hizo un perjuicio redundante con su falta de pudor cuando repetía que el presidente no podía contagiar a nadie, ya que él impulsaba una fuerza moral. El presidente se contagió tres veces y, rodeado por multitudes, no sabemos a cuántas personas contagió.

No cabe duda, la industria farmacéutica internacional tuvo un cuantioso beneficio de miles de millones de dólares y México ingresó al *ranking* en el cuarto lugar de los países con el mayor número de muertos y con una oleada enorme de enfermos gravemente tocados por la incapacidad y falta de logística de un gobierno ineficiente.

Con datos del INEGI, vemos que las familias desembolsaron sólo en el año 2021, 73 mil millones de pesos en erogaciones para defender su salud. Y no contamos con los fallecidos no registrados en funerarias, pueblos apartados y rancherías.

Una radiografía general del país mostraría una hipertrofia severa...

Un episodio inesperado

Durante la noche del sábado 27 de mayo (2023) comencé a tener extraños dolores en la cintura, y estos subían por todo el pecho, pero de manera muy concreta en el lado izquierdo. Al intensificarse, empecé a considerar que se trataba de un problema de orden cardiovascular. Quería hablar con mi cardiólogo, el Dr. Héctor Herrera Bello, pero como eran aproximadamente las dos de la mañana, decidí esperar hasta una hora razonable. Sé que los doctores tienen como costumbre levantarse temprano para ir a revisar a sus pacientes. En consecuencia, le hablé a las 7:10 a. m. Una hora más tarde me respondió y preguntó sobre los síntomas.:

—No estoy en la Ciudad. Vete a "Médica Sur" que te queda cerca, les hablaré para que te atiendan y examinen. —Esa fue su respuesta.

Le pedí a mi amigo y vecino Eduardo Cantellano me llevara, pues me sentía sin fuerzas y mareado como para manejar mi auto. Llegué a Urgencias y mientras mi esposa se encargaba del papeleo, un par de enfermeras me trataron de acostar en una camilla:

—No, no lo hagan, me duele muchísimo la horizontal —les dije…

—Lo siento, señor, tenemos que hacerlo y además le pondremos una bata.

Les indiqué portaba un marcapasos desde el año 2019 y les pedí tuvieran cuidado. Hice esa petición pues me trataron como a un saco de papas. No fueron suficientes mis protestas. Me desvistieron, me pusieron un batín que me llegaba a las rodillas y comenzaron a tomarme los datos básicos, temperatura, presión, y auscultamiento del pecho. Encontraron nada y cuchicheando, decidieron llamar a un médico, seguramente de guardia, ya que era domingo.

—¿Ya les llamó el Dr. Herrera Bello?

—No para nada, aquí yo tomaré las medidas necesarias —contestó un joven de unos treinta y tantos años.

No me gustaron sus palabras y menos el tono. No era el momento de corregirlo y aguanté me llevaran por un corredor que tenía el letrero de Tomografía. Ahí estuve no sé cuánto tiempo. Los dolores eran mayúsculos y decidieron aplicarme sedantes.

Pasaron horas sin que llegara mi cardiólogo y mis dolores bajaron durante un tiempo. Los dolores subían ahora a los hombros, en el cuello y la cabeza. Más tarde supe que la tomografía inicial, y digo inicial pues vendrían más, indicaban (así lo decían) que tenía una rasgadura en la vena Aorta.

—¿Qué significa eso? —pregunté a una doctora ahí presente.

—Puesss es grave ya que, si se revienta, saldrán incontenibles muchos litros de sangre. —Pedí que entraran mis familiares—. No se puede —añadió la doctora—, pasarán uno a uno.

Más tarde supe que esa misma doctora salió a la sala de espera y les mostró una foto en su celular donde ella interpretó la rasgadura. Mi hija que fue informada se encontraba en el extranjero. Inmediatamente anuló sus conferencias y tomó un avión para llegar a lo que pensó serían los funerales de su padre.

Finalmente llegó mi cardiólogo, leyó el informe y con el rostro en el que podía ver su angustia, me dijo:

—Te haremos otra tomografía.

—No Héctor, me ponen en una posición en la que los hombros, la cabeza y el pecho parecen reventar. No Héctor, me quiero ir a casa —exclamé.

—Dame la oportunidad, te quiero mucho y sé que saldrás bien.

Ya no dije más y me sometí a entrar nuevamente a ese proceso. Cuarenta o cincuenta minutos más tarde, el rostro de mi amigo cardiólogo me dijo casi gritando:

—¡Estás bien!, ¡no hay ninguna rasgadura de vena Aorta!, ¡se equivocaron! Te estoy dando de alta para que con unos analgésicos te vayas a descansar a tu casa.

Unos días después supe que en la cafetería mis familiares y amigos lanzaron porras, se abrazaron y corrieron lágrimas de alegría.

Mientras tanto, una enfermera me dijo que no podía salir de urgencias, debía ser desde un piso y me trasladaron a un sitio donde entraban y salían los camilleros y asistentes. No había cama, ni habitación para llevarme al sexto piso y desde ahí salir. A mis familiares les dijeron debía descansar hasta el día siguiente. Yo no descansaba, estaba en un sitio donde mucha gente ruidosa entraba y salía. En una pequeña mesa, hubo dos enfermeros comiendo una torta. A pesar de mis preguntas para saber cuándo iría a una habitación, se encogían de hombros. La espera fue de más seis horas hasta que de mala gana lo hicieron…Esto me sirvió de contraste con el INCAN, donde la empatía es una constante.

Ahí en una recámara llena de instrumentos y sonidos constantes, entraban enfermeras para una y otra vez tomarme signos vitales. Así me dieron las siete de la mañana en que desperté a mi esposa para que pasara a rescatarme.

La jefa de administración de Médica Sur, Guadalupe Valdez, muy amable, me invitó a que descansara en una *suite*. Le respondí que, lo único que deseaba, era retirarme. Unos minutos después llegó alguien de la administración quien en sus modales parecía agente del Ministerio Público, me dijo: "No puede salir sin pagar". Me entregó un par de hojas que en la parte izquierda estaba una columna de números con la fecha, el código y la descripción, seguía la columna de precios unitarios, lo que había que facturar, el origen, el usuario, la hora y el concepto.

En esas hojas, vi que la atención en urgencias costaba $ 7562.34; el perfil de química sanguínea $ 3855.00; la troponina $ 4695.01, muchos etcéteras, pero sobresalían dos cargos importantes: una angiografía de vasos por $ 38, 052.46 y otra a Giotac de Aorta por $ 64, 768,27. Y las dos habían sido a las 14:04 horas del sábado inmediato pasado, es decir, ayer. La suma total era de $194, 310.73 pesos.

¡Y había pasado solo unas horas en Urgencias!

Algo estaba mal y así se lo hice saber a quién tenía enfrente.

—¡Tiene usted que pagar! —dijo con energía. En otras palabras, estaba sujeto a la modalidad de secuestro.

Abiertamente señalé mi sorpresa, el mal cálculo de sus cifras y horarios. No hubo respuesta. Dije que conocía al director presidente del consejo de administración, Dr. Misael Uribe, a quien quería ver. Nada.

Además, me informaron que por ser domingo no podían darme factura, solo esas dos hojas. Mi deseo de abandonar el lugar era más poderoso que cualquier razonamiento y entregué mi tarjeta de crédito. Pedí la pusieran a doce meses sin intereses. Fue mi gran logro, pagar cerca de $16 mil pesos mensuales durante un año a cambio de recibir errores que pudieron costarme la vida.

Ese resultado victorioso debe ser matizado, primero porque al banco. Llegó una cuenta por $191, 855.22 y a mí una por $184, 608. 65. La diferencia fue de $7276.57 pesos.

Mis afirmaciones y preguntas ante la administración y luego ante el abogado de Médica Sur, "El mejor hospital de México" fueron:

—Hubo un error de interpretación en la primer tomografía, ya que nunca estuvo desgarrada en la vena Aorta ni estuve a punto de fallecer.

—¿Cómo se pudo hacer simultáneamente dos tomografías el 29 de mayo de 2023 a la misma hora, las dos de la tarde con cuatro minutos?

—¿Por qué, entre otros cargos, está la renta de "cuarto de terapia intermedia y atención especializada" en el piso 6 donde fui llevado en lugar de permitirme ir a mi casa? Solo ese costo es de $ 5845.10 más $3282.61, la suma es de: $9127.71.

—El electrocardiograma costó $ 8960.72 y su interpretación fue errónea.

No obstante, y a pesar de indicar en Urgencias a mi familia que ya no podían hacer más debido a la desgarradura de la vena Aorta, aún continúo con vida y pagando doce mensualidades de más 16 mil pesos.

¿Qué fue exactamente lo que tuve?

Mi cardiólogo, Héctor Herrera Bello, me explica por escrito:

1. El Radiólogo pidió una tomografía para realizar un protocolo de tromboembolia pulmonar. DX emitido negativo. Sospechan de disección Aórtica.
2. Basados en eso, realizan una tomografía de coronarias, mal hecha pues no estaba sincronizada al electrocardiograma.
3. Laboratorios de sangre normales y piden un electrocardiograma transtoráxico. Diagnóstico, disección de Aorta en el expediente y en el reporte oficial lo cambiaron después de ver la tercera tomografía.
4. La tercera tomografía fue de Aortacoronaria.

Conclusiones: "Tomografías mal hechas; ecocardiograma mal hecho. Esto provocó que el paciente estuviera en terapia intensiva y me cruzaron sangre para una posible cirugía de corazón cuando sólo pudieron retener a mi paciente un promedio de 4 horas y no 26 con un costo máximo que pudieron cobrarte máximo entre 60 a 70 mil pesos. Ni un centavo más".

Y finalmente, ¿a qué se debió este doloroso episodio? Las pláticas con mi cardiólogo Héctor Herrera Bello y el experimentado y reconocido oncólogo Alejandro Mohar, exdirector del INCAN, concluyen, por separado, que fue una violenta reacción de mi organismo al tratamiento de quimioterapia compuesto por lo que sería un suero integrado por: Dexametasona 8 mg (vía de administración intravenosa) glucosa, más Ondasetron 8 mg (vía de administración intravenosa) diluyente, más Oxaliplatino 200 mg (vía de administración intravenosa) glucosada, más cloruro de sodio al 0.9 % (vía de administración intravenosa), más solución salina 100 ml.

Este medicamento fue recetado por la Dra. Mariana Sayaco Miyagui y administrado el 17 de abril/ 2023.

El diagnóstico fue Tumor maligno del Recto y los medicamentos prescritos fueron Ondansetrón, envase de 10 tabletas. 1 tableta cada 8 horas durante 3 días, (vía de administración oral). Loperamida 2 mg Una tableta cada 6 horas durante 3 días' vía de administración oral (en caso de diarrea).

Finalmente, 3 tabletas cada 12 horas de Capecitabina 500 mg, envase con 120 tabletas durante dos semanas. Esto fue recetado el 3 de abril de 2023

El tratamiento comenzó el 17 de abril con la administración intravenosa del suero.

Como puede verse, el tratamiento solo duró cuarenta días—incluyendo el descanso—, hasta mi reacción que, con mala fortuna, me hizo llegar a Urgencias de Médica sur el 28 de mayo cuando debí haber ido a Urgencias pero del INCAN.

Posteriormente, vinieron las visitas a Oncología Médica de Gastroenterología y los estudios de laboratorio de biometría hemática, tres pruebas de funcionamiento hepático y química sanguínea, así como consultas subsecuentes de tumores sólidos.

Reviso mis recetarios y comunicaciones del INCAN y veo, fueron dos los estudios de cardiología clínica.

El día 8 de agosto tuve la colonoscopia dirigida por la Dra. Beatriz Alejandra Sánchez Jiménez, quien al final de estudio, me dio la alegría de comunicarme que ya no había el tumor, solo la cicatriz. ¡El tumor había desaparecido!

Ya podía morir de cualquier otro padecimiento pero no de cáncer. ¡Abracé con ganas a la doctora y a mi mujer!

La eficacia del INCAN fue palpable, sólo 40 días de tratamiento.

El reporte indica, entre tantos detalles técnicos: "RECTO: Forma y distensabilidad conservada, mucosa de aspecto normal en tercio superior y medio adyacente a la línea pectínea, se identifica cicatriz de 3 cm. Se toman biopsias. Toma de biopsias: Sí (cicatriz de Recto)".

Para el jueves 30 de noviembre de 2023 me indicaron Resonancia Magnética y los resultados me los daría la Dra. Itzel Vela. Su asistente, el Dr. José Manuel Aguilar Romero, me comunicó que entraba a un proceso de remisión y señaló tendría cita para colonoscopia hasta el día martes 16 de julio a las 8:00 horas del año próximo (2024).

~El proceso de remisión equivale a estar curado temporalmente.

Reflexiones que duelen

Si lo que AMLO quería decir sobre el innecesario desmantelamiento que él realizó del Sector Salud, lo repondría hasta hacerlo parecer o mejor que el de Dinamarca, se equivocó rotundamente al elegir a esa nación.

En tanto ese país escandinavo cuenta con cerca de 6 millones de habitantes y México con más de 128, debió saber que esa diferencia ya marcaba ámbitos extraordinariamente distintos. Los daneses han configurado, junto con Suecia, Noruega y Finlandia, un rincón de prosperidad, desarrollo médico, social y también político del más alto nivel en el mundo.

La salud y la educación en Dinamarca son los bienes más valorados, incluso sobre la seguridad, el ejército y la marina, a pesar de que siempre han tenido la sombra de Rusia sobre sus cabezas.

Vi un video del parlamento danés cuando alguien refiere la frase presidencial de qué México tendrá servicios de salud, semejantes, e incluso mejores a los que se proporcionan en Dinamarca. Al mismo tiempo, se escucha la voz de López Obrador, indicando al pueblo, bueno, hay que tratarlo como si fueran pequeñas mascotas a las cuales hay que alimentar y cuidar. A pesar de la flema que pudiéramos pensar tienen los daneses, las risotadas y las expresiones carcajeantes se hacen escuchar ruidosamente.

¿Acaso era necesario el que la burla sobre las expresiones presidenciales se diera en los parlamentarios daneses y con ello la imagen del país fuese motivo de chacota en otros lugares?

Y no solo en el parlamento danés, las caricaturas en periódicos de Holanda, Suecia, España, Francia, Italia, Argentina y Costa Rica, ahí están, exactamente con los mismos motivos y consecuencias grotescas.

Ayer me tocó ir al INCAN (Instituto Nacional de Cancerología) a realizar estudios preoperatorios. Era una consulta subsecuente para obtener un electrocardiograma en el segundo piso de la Torre Beltrán. Uno de los elevadores no servía y la fila para subir resultaba penosa para una persona en muletas y otra en silla de ruedas. A pesar de ser numerosos quienes queríamos utilizar el único ascensor, una corriente de solidaridad les brindó a ellos la oportunidad de subir primero.

Arriba, como siempre, en el segundo piso, la sala de espera estaba llena. Hemos de haber sido entre ochenta o noventa los que se encontraban sentados junto con sus familiares y otros tantos de pie o agazapados y recargados en los muros. Con orden y calidez, las enfermeras, poco a poco, iban llevando a los pacientes con el médico internista, quien determina el momento del electro.

En Dinamarca esta cantidad de enfermos, reunidos en un solo salón, necesitados de un electrocardiograma, es inimaginable; primero porque hay clínicas y hospitales de primero y segundo nivel desde Thisted en el norte como en Aarhus en el oeste o en Ribe en el sur. De primer nivel, los hay en Copenhague y en otras once ciudades. Cada individuo tiene asegurados todos sus derechos médicos completos. Esto significa cuidados sanitarios de la más alta calidad desde su nacimiento hasta el momento de fallecer.

En el reino de Dinamarca, la monarquía constitucional brinda una estabilidad política y social que no permite improvisaciones fuera de los programas aprobados por el parlamento. Jamás se anunciaría por nadie, ni la reina Margarita, (en su momento y hoy el rey Federico) ni el primer ministro, ni el ministro de Salud, la idea, sacada de la nada, de una mega farmacia "con todas las medicinas del mundo" como la anunciada en México.

Ni en Groenlandia o las Islas Feroe tendrían una idea semejante a pesar de su aislamiento debido a que literalmente es imposible una farmacia con todos los fármacos del planeta. Allá utilizan fundamentalmente la bicicleta, el tren o el helicóptero para transportar médicos y medicinas.

La idea de una mega farmacia surge sin planeación, sin conocimiento de lo que son las sustancias básicas susceptibles de caducidad, sin la refrigeración adecuada, ajena al tipo de construcción especializada, la movilidad de los fármacos de renovación constante y, sobre todo, a lo innecesario e inútil de algo semejante.

La aspiración de tener un servicio universal de salud para todos y cada uno de los mexicanos, ya caminaba a tropezones con las instituciones que, reforzadas, perfectibles, actualizadas, se tenían desde hacía varios sexenios.

No había que derribar ni clausurar y desaparecer nada, requerían mucho mayor presupuesto, abrir las oportunidades a jóvenes médicos y enfermeras; alentar los desarrollos científicos y de medicina alternativa con novedosos instrumentos técnicos y también los propios de una mejor nutrición preventiva y curativa.

El Consejo Nacional de Evaluación de la política de Desarrollo Social (CONEVAL) que todavía no ha sido aniquilado y que para nuestra fortuna aún puede ofrecer resultados, van en sentido opuesto a la promesa de que tendríamos un Sistema de Salud como el de Dinamarca. Veamos lo que dice el CONEVAL: "se duplicó el número de hogares con gastos en salud en forma catastrófica al llegar a casi 5 millones de familias. En otras palabras, tuvieron que pagar medicinas y atención médica que antes eran gratuitos o de escasa monta en el desaparecido Seguro Popular. Esto afectó a los más pobres entre los pobres".

Contrariamente, en Dinamarca, desde Skagen en la península norte hasta Odense, Fionia, así como en las islas Fiore y Groenlandia, todos, absolutamente todos los habitantes de ese país, incluyendo sus catorce provincias y el total de municipios, tienen asegurado el 100 % de sus necesidades médicas. En tanto que una enfermera mexicana gana mensualmente 5768 pesos mensuales, sus colegas danesas obtiene, en promedio, 39 mil coronas equivalentes a 5240 euros. Los médicos mexicanos en el IMSS, ISSSTE e institutos especializados de calidad comprobada como Cardiología, Nutrición, Cancerología, INER, Neurología, Gea González, tienen un promedio de 17, 875 pesos. En Dinamarca, ese mismo promedio es de 21,380 euros. Tómese usted la molestia de convertir los euros en veinte pesos y notará la diferencia abismal.

En tanto que la salud danesa está ligada estrechamente a la educación para que niños, adolescentes y adultos sepan cuál es la alimentación adecuada libre de azúcares, harinas refinadas y carne roja, además de saber cuidar el medio ambiente, aquí la separación entre salud y educación es semejante a la distancia entre los polos norte y sur.

Nos dice el CONEVAL que aumentó la pobreza extrema en más de 4 millones. ¿Qué es eso?, ¿qué significa? Vivienda con piso de tierra, techo de palma, láminas o lo que se pueda, falta de agua potable, sin drenaje y muchas veces sin el mínimo de enseres domésticos. El reino de Dinamarca tiene junto con los otros tres países escandinavos (Noruega, Finlandia y Suecia), Holanda, Corea del Sur, Japón, EUA y Suiza, los niveles más altos del mundo.

Indica el CONEVAL que la presunción de vida, que era de 75 años, se ha reducido a 71. En otras palabras, hemos descendido 4 años posibles de vida, mientras en Dinamarca se llega con relativa facilidad a los 83. ¡Una diferencia de 12 años! Pero eso no es todo, en Dinamarca no existe desabasto de medicinas, es justo lo contrario, tienen en existencia el 99 % de todo el surtido posible y desde luego, producen sus propios fármacos hasta en un 76 %. Se le da especial atención a quienes cumplen 63 años o más y se tiene un renglón muy especial a cuidados intensivos y terminales.

Aquí hay que acercarse a los institutos de salud, saturados por enfermos de todo tipo haciendo filas interminables para tratar de obtener sus medicamentos. Filas con numerosos ancianos, en sillas de ruedas, provistos de muletas y sin más ayuda que les puedan dar familiares, compadres y amigos. A eso se le conoce universalmente como falta de protección y hay autoridades en la Secretaría de Hacienda que le llaman "eliminación natural".

El eslogan gubernamental de que estaríamos a la altura de Dinamarca, no es solo una exageración sin límites, es una balandronada y una burla para el gran pueblo al que se dice querer redimir. En realidad, estamos de rodillas y en medio de un fracaso profundo en materia de salud.

"… da mucho coraje ver cómo los gobiernos gastan dinero en bobadas, en hacer propaganda absurda

y gastar miles de millones de euros en intentar tor-
cer las ideas de las personas y de alienarnos mien-
tras que podrían salvarse muchas vidas metiendo
el dinero en investigación... los estados debieran
de financiar los fármacos para hacer que bajen los
precios y economizar al proporcionar mucho menos
recursos a los partidos políticos.

Dr. Javier Román, jefe de Servicio de On-
cología del hospital La Zarzuela de Madrid.
Ver la entrevista completa en "Testimonios".

En una noche de insomnio me acordé de un libro que, sin in saber por qué, había comprado en el aeropuerto De Gaulle dos o tres años antes. Nunca lo había abierto y en estos días me sirvió de guía para vivir los momentos subsecuentes. La portada en rojo y en el centro una gran esponja rosada con especie de patas rodeada de bolas azules con piel semejantes a una especie de piñas.

En la parte superior con una tipografía en blanco un pequeño recuadro con la leyenda *Le Fígaro Enquetes* (Investigaciones del periódico *El Fígaro*). En el centro con letras grandes estaba el título principal: *Cancer l'espoir* (cáncer, la esperanza, nuevas terapias y cuidados que progresan día a día).

En esas páginas encontré respuesta a muchas preguntas sobre el mal que me aquejaba; cómo se debe prevenir el cáncer, dónde encontrar un médico, una clínica o un hospital, qué hacer para curarse, cuáles son los muy diversos cánceres, cómo vivir con el enemigo y hasta qué vida tener después de la cirugía, las radiaciones o la quimioterapia.

En el libro, el editor, Dr. Pierrick Hordé, escribe que la percepción de la enfermedad está cambiando... esto permite aceptar, levantar la cabeza y luchar con más fuerza y sostener con fuerza la mirada de otros.

"Afrontar la realidad es abrir una ventana a la esperanza, ya que un cáncer sobre dos se cura y pronto serán tres, pues en pocos años veremos un avance considerable. La noción de incurable se ha ido transformando poco a poco en el lenguaje médico, permitiendo a una multitud de pacientes vivir mejor y más tiempo con la enfermedad".

Como testimonio en este volumen, realizado con *Le Particulier Santé,* la investigación progresa a grandes pasos hasta llegar en muchos casos a la curación. Informarse, expresarse, dialogar con los médicos son las piedras angulares en la relación médica y sobre todo en la oncología.

"Abordar el cáncer en cada una de sus etapas y todo tipo de tumores, esta obra aporta a los estudiosos, a los pacientes y sus familias, la comprensión que hace posible y segundo, las oportunidades de encontrar las fortalezas para curarse".

Otro libro que me acompañó en no pocas sesiones de insomnio, fue *El desafío del cáncer* de la Dra. Charo Antequera Jurado. Es profesora titular del Departamento de Personalidad, Evaluación y Tratamiento de la Universidad de Sevilla. Es una especialista en psicología clínica. Forma parte del personal asistencial de la Sociedad Oncológica. Lleva más de una década acompañando a pacientes adultos de cáncer a lo largo del proceso de enfermedad.

De cifras y datos reveladores

En materia de salud, donde debiéramos estar en los primeros lugares, somos penúltimos y hasta últimos en las clasificaciones internacionales de la OCDE. No estábamos tan mal al final del anterior sexenio, esa misma organización de 40 miembros considerados como los mejores donde vivir y desarrollarse, llegó a ubicarnos en la posición 14. Éramos un ejemplo en los sistemas de vacunación y merecimos honores diversos e importantes. Pero, desde el comienzo de este sexenio y ondeando la bandera contra la corrupción, se transfirieron las compras de medicinas a la secretaria de Hacienda. Ahí una señora fue designada para manejar el complejo arcoíris de cientos de miles de medicamentos para distribuir a su vez, a miles de farmacias y pueblos diseminados en todo el país.

A su vez, como por arte de magia negra, se canceló el Seguro Popular que atendía a casi 24 millones de personas, los más pobres a los que se les prometió atención prioritaria. Como eso de centralizar en la Oficialía Mayor no funcionó. No podía funcionar, pues está prevista para otros usos y dispone de otras facultades, en solo dos años de aguda escasez de medicinas, esa acción se le cubrió con una tela oscura a la que se le llamó INSABI (Instituto Nacional para la Salud y el Bienestar) dos años después, se le quitó la tela que lo cubría y resplandeciente se iluminó el fracaso. Todos los haberes, ¿cuáles? Se trasplantaron al ya saturado IMSS y se le añadió el calificativo de bienestar.

Mientras esto ocurría, la pandemia del COVID-19 barría con la población. Un país con el mismo número de pobladores, Japón, con 124 millones, sólo perdió 29 mil personas y México llegó —oficialmente—, a perder más de 700 mil. Claro, se nos defendió con estampitas, recomendaciones de 'No mentir, No robar y No traicionar'.

Quien era subsecretario de Salud y ahora Rey de la COFEPRIS, acaba de achicar, cambiar, mutilar las Normas Oficiales Mexicanas (NOM) para la atención de pacientes con cáncer, diabetes que cambian las guías y protocolos para diagnósticos y tratamientos. El secretario de la Comisión de Salud de la Cámara de Diputados, Héctor Ramírez Barba, indica que esto deja a millones de mexicanos en la incertidumbre y a los médicos en la confusión. ¿Por qué eliminar ese valioso instrumental?

Todas y cada una de las medidas de esta administración han sido aprovechadas por la medicina privada. Comencemos por lo menor, ningún hospital privado tiene estacionamiento gratuito. Es lo contrario, estar en la sala de espera cuesta y hay que agregarlo a que las consultas no bajan de 2 mil pesos por unos cuantos minutos; los estudios, del tipo que sean, desde un antígeno prostático a un parto, suelen costar lo mismo mil que 90 mil pesos.

Llegar a Urgencias es pagar por el aire que se respira, todo cuesta, los instrumentos venidos de Israel o de Alemania, las medicinas; sus precios, siempre son más altos que en las farmacias. Internarse para recibir "atención especial, de calidez o cercana" como proclaman durante una semana, puede arruinar a una familia.

Ante esta crisis provocada por la ineptitud gubernamental que ha dejado una estela de muertos, la población, cuando puede, acude a la medicina privada sabedora que tendrá que pagar y mucho o atenerse a sufrir con los dictados de Hugo López-Gatell. O bien tratar de evitar los riesgos que aun con dinero, dolor y sangre se da en hospitales que se autonombran los mejores de América Latina o del mundo. Todos sabemos que no podemos recurrir al hospital militar o al que donde el presidente se hace sanar del corazón.

Las farmacias han adicionado pequeños consultorios que son atendidos generalmente por estudiantes de medicina, pasantes o enfermeros, donde las cuotas y pagos de consulta son mucho más baratos.

De mi propia experiencia, al tratarme de un cáncer de Colon, me digo que quizás el mayor problema en la batalla, ha sido el gobierno de la 4T. Veamos, no solo es la falta de medicinas pues no contamos con cifras rigurosas sobre el desabasto, pero si tenemos datos del IMSS y de la FUCAM (Fundación de Cáncer de Mama), quienes nos dicen que el tratamiento que incluye quimioterapia e inhibidores posteriores van de 125 mil a 230 mil pesos por año. En los hospitales privados, capitaneados por Médica Sur, que en su publicidad señala que es "El mejor de México", los costos son al menos el triple y el tratamiento global ronda los tres o cuatro millones de pesos. La especialista del FUCAM, María Fernanda Hernández, indica que esto es para las pacientes que cuentan con seguro de gastos médicos mayores.

¿Y qué pasa con quienes no tienen ese costoso seguro? ¿Concretamente con el grueso de la población, especialmente las de cierta edad o quienes tienen cáncer más avanzado?

Su destino es particularmente muy doloroso y con altas probabilidades de crear invasión generalizada (metástasis) y con ello el grave peligro de muerte.

El INEGI señala que en el año 2022, se registraron 23 790 casos nuevos de este tipo de cáncer en la población que va de 20 hasta los 65 años. La atención es menor desde 2018 debido a los continuos recortes de presupuesto lo que impide la contratación de oncólogos, enfermeras y asistentes mexicanos, ya que si existe presupuesto para contratar médicos cubanos y venezolanos, quienes han dado muestras de ser propagandistas de esos regímenes y no como doctores. ¿Por qué de esos países habiendo tantos médicos nacionales? Por mera afinidad ideológica, quizás mitológica.

Como mera hipótesis, si el caso fuera la escasez de médicos, existen suficientes egresados, (más de 4 mil) de nueve universidades mexicanas. No obstante, el INCAN (Instituto Nacional de Cancerología), fiel a su tradición de servicio, es el mayor baluarte con que cuentan los pacientes, quienes se desplazan desde Colima, Veracruz, Querétaro, Estado de México y con frecuencia de sitios tan lejanos como Yucatán y Quintana Roo. Como resultado de citas retrasadas, recetas no surtidas, cirugías y tratamientos postergados y por la carga económica que para muchas familias resulta catastrófica, el promedio mexicano es de 21 mujeres que mueren diariamente debido al cáncer de mama. La enfermedad ha superado hasta en 50 % al costo normal que se tenía en 2018 y la Organización Mundial de la Salud (OMS) indica que cada año se registran oficialmente 685 mil defunciones por cáncer de mama en 79 países que ofrecieron sus cifras respectivas.

Según datos de Breast Cancer este tipo de carcinomas representa el 32 % de todos los casos y en nuestro país mueren 7931 mujeres de todas las edades, según datos oficiales. Y esto se debe a que si se detecta en forma temprana, las posibilidades de curación son mucho mayores que cuando el cáncer de mama que crece con rapidez y se convierte en Triple Negativo HER2, uno de los más agresivos, reduciendo la posibilidad de acceder a un tratamiento eficaz convencional.

Si bien la norma oficial recomienda hacer una mastografía a partir de los 40 años de edad, ni las jóvenes de 21 años están exentas de ese peligro. Y para esto, los presupuestos de organismos e instituciones como el INCAN en vez de reducirlos debieran ser robustecidos.

Al ver estas decisiones de rebajar lo que debiera ser prioritario en vez de edificar refinerías que van contra la orientación mundial de crear energías renovables y limpias, además de arrasar la selva yucateca, no es excesivo indicar que las consecuencias políticas de este gobierno federal equivalen a equívocos, traslapes ideológicos y, finalmente hasta crímenes inadmisibles.

Cuando fui director hice lo que pude en mi gestión al fortalecer la red de centros estatales de cáncer a través del Seguro Popular. Este era un instrumento financiero que ayudó a desahogar al INCAN. Lo desaparecen y viene el INSABI como sustituto y al desaparecer también, nos deja desamparados. ¿Quién nos va a ayudar? Hay una gran demanda. Como ejemplo, ¿cuánto cuesta hacer un nuevo hospital oncológico si carecemos de recursos en el sector salud? Y lo más importante, ¿qué hacemos con los pacientes que cada día son más numerosos?

Dr. Alejandro Mohar, director de Cancerología 2003 a 2013 Ver la entrevista completa en "Testimonios".

Los abusos de este gobierno carecen de límites. Quien fuera el responsable de miles de muertos por el pésimo desempeño que tuvo en la pandemia y por los numerosos errores que han desembocado en el desabasto de medicinas, el doctor Hugo López-Gatell —quien afirmó públicamente en tres ocasiones el número de fallecidos tendría como máximo 60 mil personas—, lanza en marzo de 2024 un grito de auxilio.

Decir que buscará tener un puesto en el próximo gabinete, equivale a pedir tenga algo que lo proteja. Sabe que, si la oposición se adjudica un triunfo presidencial, él será llamado a cumplir responsabilidades gravísimas. Por ello deja saber que bien podría aspirar a ser jefe de Gobierno en la Ciudad de México o lo que quieran darle, una diputación, ¿por qué no una senaduría? Sabe bien que no tiene posibilidad alguna de ser candidato al puesto de jefe de Gobierno de la ciudad capital, conoce que otros nombres ya se barajan para ese puesto, incluso el de la señora Brugada, quien es alcaldesa en Iztapalapa gracias a la triquiñuela de un individuo de comedia insulsa llamado "Juanito". Sí, en una increíble acción de permisividad inadmisible, ese mexicanito ganó la elección, siempre y cuando cediera el puesto a la actual alcaldesa.

Pues esa misma señora tiene muchas más posibilidades que López-Gatell, a quien los datos más sólidos lo ubica como gestor activo de más de 800 mil fallecimientos.

"El presidente AMLO no es factor de infecciones pues irradia una gran fuerza moral" fue su bandera durante la pandemia y estimuló que el primer mandatario recorriera mercados, aglomeraciones partidarias y besara niños y niñas aquí y allá. Aún más, su menosprecio y engaños sobre las vacunas; disponer que los hospitales públicos hicieran de lado tratamientos y consultas de todo tipo en Cancerología, el IMSS, ISSSTE, Cardiología, Nutrición, Siglo XXI y hasta en clínicas regionales, creó las condiciones para que la pandemia en nuestro país fuera la cuarta más letal en todo el mundo.

Previamente intervino acusando de corrupción al núcleo distribuidor de medicinas originando un caos con repercusiones de falta de medicamentos en todo el país. Su premio ha sido el manejo de la COFEPRIS y una suculenta subsecretaría con más poder que la tituralidad de la secretaria de Salud, cuyo titular ha sido el Dr. Sergio Alcocer. Cuando la OMS (Organización Mundial de la Salud) advertía sobre los peligros del COVID-19, Hugo López-Gatell dedicaba todas las tardes en sus conferencias informativas, que la epidemia estaba controlada. Los informativos televisivos de todas las cadenas mostraban a un sinfín de enfermos sin atención médica y en no pocas ocasiones, cómo morían en la calle. Nada de esto fue relevante para él, quien disponía de amplios recursos, tanto que instrumentó en Palacio Nacional un consultorio médico para atender las numerosas molestias y enfermedades de la familia presidencial y sus allegados.

Hugo López-Gatell se sabe en dificultades y por ello lanza una promoción de su persona con la pretensión de tener fuero protector en el futuro. Dado a su gestión, tendrá protección en alguna candidatura para diputado y culminar una gestión que, para muchas voces autorizadas y prestigiadas, merece castigo.

Dueño de una soberbia irritante, Hugo López-Gatell maltrató a los padres de niños enfermos de cáncer, quienes solicitaban medicinas y tratamientos.

Incluso los acusó de formar parte de un complot para ensuciar la imagen de su impulsor y protector presidencial.

Este es un caso más, como tantos, que hoy estamos viendo de personajes que han hecho mucho daño y ahora buscan puestos, cualquiera que sea, como representantes populares para evadir, sean llamados a tribunales.

En cualquier época y latitud, forman un trípode la seguridad, la salud y la educación lo que caracteriza a un Estado. Cierto, son muchísimos los elementos a los que tiene dar cuenta: la energía, el campo, los migrantes, el agua, y cien etcéteras más. Pero lo sustantivo son los tres primeros enunciados y en ellos nos encontramos con cifras duras imposibles de negar.

Los más de 800 mil muertos durante la epidemia del COVID-19 que nos ubican en el cuarto lugar de letalidad. Los 175 mil asesinatos que crecen cada día, los más de 20 mil feminicidios, los choferes acribillados, las madres de desaparecidos y cuando los encuentran son en fosas clandestinas, el número de más de treinta mil huérfanos y pares y madres desesperados y sin ningún apoyo. El número enorme de negocios cerrados por el cobro de piso de criminales vinculados a un sinnúmero de bandas que incluso se encuentran en casi cien países.

De nada sirven las reuniones del gabinete de seguridad cuando la estrategia es defender los derechos humanos de delincuentes y homicidas.

Sin seguridad no hay capacidad para la inversión y en suma para la prosperidad. Hoy el número de pobres es mayor que en los últimos dos sexenios y junto con la carestía, los pobres aumentan diariamente.

La salud, que en otros tiempos estuvo sustentada por los servicios públicos, es un Golgota doloroso para millones de mexicanos que, como yo en lo personal, he tenido que recurrir a ellos. Hace cinco años Nutrición era la joya de la corona en un collar donde brillaban Cancerología, el INER, Cardiología, Neurología y también con mayor modestia el Seguro Social.

Hoy carecen de recursos para proveerse de personal, equipos y medicinas. Formamos tumultos los pacientes ante un reducido grupo de médicos, enfermeras, camilleros, transportistas, internistas, etc.

Los más modestos son los que más sufren haciendo filas interminables para ser atendidos por un personal médico que literalmente hace milagros.

Las medicinas en las farmacias aumentan de precio diariamente, cuando las hay, y lo normales que no haya surtido y los enfermos tengan que recurrir a remedios caseros y a otros de dudosa procedencia o de costos altísimos debido a la importación en donde se puede. La salud hoy es un lujo que aprovechan quienes pueden en los hospitales y clínicas privadas.

La educación hoy está cimentada en el ejemplo presidencial: enviar al más pequeño de sus hijos al Reino Unido, donde aprenderá los conocimientos para enfrentar el futuro. Aquí en México, el sistema público educativo está anclado en el pasado con inocultables signos de querer impulsar sistemas económicos, sociales y políticos socialistas o francamente comunistas que, palpablemente han fracasado en el pasado.

Haber improvisado a una secretaria auxiliar encargada de reunir y clasificar carpetas en una Oficialía de Partes en la presidencia de la República, como titular de la Educación Pública y contratar extranjeros impreparados para la realización de textos gratuitos, pero obligatorios, nos habla de improvisaciones catastróficas para el futuro de millones de niños.

En resumen, vivimos en el error, la improvisación y el delirio que ya ha costado muchísimo y en el futuro será una carga pesadísima para las nuevas generaciones.

Para fines de enero del 2024, escribí que debido a insuficiencias y por omisiones sólo explicables por la impericia, ninguneo en las prioridades y diversas corruptelas, los fallecimientos por cáncer se multiplicaron.

No importa que datos y promesas se hagan desde la cúpula del gobierno, los enfermos de cáncer siguen muriendo. En el diagnóstico llamado Programa Nacional de Adquisiciones 2024, del Seguro Social, se hace notar la obsolescencia de sus equipos. Especial mención se hace en la programación de los aceleradores lineales de partículas y como esto se refleja en los resultados: 330 personas diariamente fallecen debido al mal funcionamiento de radioterapia. ¡330 muertos diariamente!

El IMSS cuenta con 10 equipos de radioterapia en el país, con 30 aceleradores lineales de diferentes energías para atender a pacientes con cáncer y el Seguro Social

Bienestar. Requiere cuando menos sustituir todos los equipos que tienen en conjunto un valor entre 11 y 12 millones de dólares.

"… los equipos actuales están fuera de servicio ya que las refacciones y el *software* son caros, de difícil acceso o ya han cumplido su vida útil".

¿A quién le interesa que mueran 330 personas cada día? Parece ser que a nadie. Lo importante es perforar con columnas de hierro y concreto, los cenotes de la península maya y con ello contaminar sus aguas para que un día, cada vez más lejano, un tren intente, sin problemas técnicos ni dilaciones, recorrer más de un 1500 kilómetros a una velocidad de 40 o 60 km/h para no hacer vibrar los soportes sobre un terreno frágil y acuoso.

Veamos el ángulo oficial, si ya tenemos más de 180 mil asesinados y más de 800 mil muertos por la ineficiencia en el tratamiento del COVID, que llaman la atención sólo de algunos, ¿quién puede escandalizarse con los que mueren por no tener aceleradores lineales?, ¿quién va a exigir se compren nuevos aparatos vitales para los enfermos con tumores malignos?, ¿quién va a responder, ya que los informes de Zoé Robledo, director del IMSS, pregona que todo está bien y rodando?

El 12 de marzo de 2024, *Animal político* señaló que en solo dos años, el presidente de la República, trasladó a la edificación del Tren Maya, 157 mil millones de pesos del presupuesto de Salud y esto obligó a suspender todos los tratamientos de cáncer que debían haberse atendido en el INSABI. El dato, ese mismo día, fue suscrito por el Dr. Alejandro Macias.

Los mexicanos formamos parte de un país estimulado para mentir donde la distinción entre lo verdadero y lo falso ha terminado por no existir. El universo es de mentira y probado desinterés por lo verdadero.

Si contamos con una refinería comprada en Texas por casi 8 mil millones de dólares, por qué invertir mil millones en aparatos que puedan salvar vidas a quienes padecen cáncer. Podría ser que, si se deriva una ventajosa irregularidad, alguien pudiera estar interesado y nadie más: ni gobiernos estatales, municipales y mucho menos la cuasi inexistente secretaría de Salud.

El hospital oncológico del centro médico XXI, el Instituto Nacional de Cancerología se encuentran en condiciones semejantes y son obligados a constantes reprogramaciones, ya que el señor Jorge Alcocer, secretario del ramo, sirve para acudir muy serio a las mañaneras o a jurar que a sus nietos jamás les proporcionaría vacunas contra el COVID. En todo lo demás, él espera que termine el sexenio y a vivir los gratos recuerdos con los que Morena y el presidente lo han colmado. Quizás el mayor problema en la batalla contra el cáncer, es el gobierno de la 4T. Veamos: no solo es la falta de medicinas, pues no contamos con cifras rigurosas sobre el desabasto, pero si tenemos datos del IMSS y de la FUCAM, quienes nos dicen que el tratamiento que incluye quimioterapia e inhibidores posteriores van de 80 mil a 120 mil pesos por persona. En los hospitales privados, capitaneados por Médica Sur, los costos son al menos del doble y el tratamiento global ronda el millón de pesos. La especialista del FUCAM, María Fernanda Hernández, indica que esto es para las pacientes que cuentan con seguro de gastos médicos mayores.

¿Y qué pasa con quienes no tienen ese costoso seguro?

¿Concretamente con el grueso de la población, especialmente las de cierta edad o quienes tienen cáncer más avanzado? Su destino es particularmente muy doloroso y con altas probabilidades de crear invasión generalizada (metástasis) y con ello probablemente la muerte.

El INEGI señala que en el año 2022, se registraron 23 790 casos nuevos de este tipo de cáncer en la población de 20 años hasta los 65. La atención es menor desde 2018 debido a los continuos recortes de presupuesto lo que impide la contratación de oncólogos, enfermeras y asistentes mexicanos, ya que si existe presupuesto para contratar médicos cubanos y venezolanos ¿Por qué de esos países habiendo tantos médicos nacionales? Por mera afinidad ideológica, quizás mitológica. Como mera hipótesis, si el caso fuera la escasez de equipo médico, existen suficientes egresados, (más de 4 mil) de nueve universidades mexicanas. No obstante, el INCAN, fiel a su tradición de servicio, es el mayor baluarte con que cuentan los pacientes, quienes se desplazan desde Colima, Veracruz, Querétaro, Estado de México y con frecuencia de sitios tan lejanos como Yucatán y Quintana Roo.

¿Por qué el promedio mexicano es de 21 mujeres que mueren al día debido al cáncer de mama? Esto como resultado de citas retrasadas, recetas no surtidas, cirugías y tratamientos postergados y por la carga económica que para muchas familias resulta catastrófica. La enfermedad ha superado hasta en 50 % al costo normal que se tenía en 2018 y la Organización Mundial de la Salud (OMS) indica que cada año se registran oficialmente 685 mil defunciones por cáncer de mama en 79 países que ofrecieron sus cifras respectivas.

Véase un dato sobresaliente, en el año 2020, la secretaría de Salud pagó a Birmex 134 millones de pesos de sobre precio por vacunas para instancias infantiles que después fueron desligadas de todas sus funciones.

Por otra parte y estrechamente vinculada a la salud, desde 2018 haber improvisado a una secretaria como titular de la Educación Pública y contratar extranjeros impreparados para la realización de textos gratuitos pero obligatorios, nos habla de improvisaciones catastróficas para el futuro de millones de niños.

Desde que tomó posesión del cargo, el presidente López Obrador esgrimió como prioridad *la austeridad republicana* y en algunos casos llegó a la *pobreza franciscana,* en todos los sectores de Gobierno, aun a costa de no vacunar millones de niños que lo necesitaban. A su vez, esto significó el desabasto de insumos básicos como agua, material de sutura, guantes, agujas hipodérmicas, estetoscopios, gazas, etcétera. Es fácil imaginar lo que ocurrió en medicamentos especializados, cirugías de necesidad y de alta responsabilidad.

En resumen, hemos vivido en el error, la improvisación y el delirio que ya ha costado muchísimo y en el futuro será una carga pesadísima para las nuevas generaciones.

Testimonios

Mi experiencia en este segundo tratamiento de cáncer puede tener enseñanzas para quien tiene ese mismo mal, pero seguramente tiene huecos e inseguridades, ya que no soy médico y carezco de la formación académica necesaria para entender la complejidad de nuestro organismo.

Muchas de las dudas que tuve en mi tratamiento contra el cáncer de próstata las resolví debido a que me concreté a entender el fenómeno de las radiaciones hechas desde el acelerador lineal de partículas y su cuasi dimensión de ciencia ficción. El cáncer de Colon me sorprendió, pues siempre tuve un aparato digestivo que jamás me dio problemas; mi hijo decía que yo podría digerir piedras.

Pasada la sorpresa, me dije a mí mismo que *ese cáncer no me mataría*. Esa actitud –puesta de modo positivo–, me ha hecho enfrentar otros problemas, me acompañó en saber qué ocurría y fue determinante cuando me dijeron que, si la quimioterapia no me ayudaba, tendría que utilizar una bolsa de plástico pegada a mi vientre para tener un drenaje fecal ¡hasta el resto de mi vida! (Colostomía).

Me negué a pesar de las fuertes posibilidades que ofrecía mi caso a los doctores. Decidí investigar y robustecerme con todos los datos que me permitieran continuar con mi vida normal y sanar hasta donde médica, clínicamente, es posible. Escribo el presente texto con la determinación de salir airoso de esta situación y más aún, cuando ya me han dado siete meses hasta mi próxima (julio de 2024), cita que será tan solo de revisión, ya que los últimos análisis tanto de Resonancia Magnética como de Tomografía y una biopsia de mi cicatriz, indican —hasta ahora—, ausencia de tumor maligno.

Mi experiencia es circunstancial y subjetiva, por ello decidí entrevistar médicos en diferentes especialidades que ilustren mucho mejor que yo, que siendo el cáncer un enemigo poderoso, la actitud positiva es determinante en buscar alivio y volver a sanar. Dejó al final "el descubridor" de un procedimiento nuevo, más certero y eficiente que los tradicionales: cirugía, radiaciones y quimioterapia. Es la Inmunoterapia y su principal impulsor es el Dr. James Allison, ganador del Premio Nobel en Medicina 2018.

Dr. José Newman

¿Qué hace la persona a la que el médico le dice: "Usted tiene Cáncer"?

¿Quién es el Dr. José Newman?
Hoja de vida

Estudios

- Médico Cirujano. Universidad Nacional Autónoma de México, 1967-1971. México.
- Especialidad Psiquiatría. Universidad Nacional Autónoma de México, Consejo de Especialidad, 1971 -1973. México.
- Maestría en Ciencias (Bioquímica), Chelsea & Westminster Hospital, University of London, 1973-1974. Londres, Inglaterra.
- Doctorado (Matemáticas), The London School of Econoimics & Political Science, University of London. 1974-1976. Londres, Inglaterra.

Desempeño Profesional
- Oficial Mayor de la Secretaría de Salud, 1990-1991.
- Subsecretario, Secretaría de Salud, 1991-1992.
- Director General de Operación. Sistema Nacional para el Desarrollo Integral de la Familia, DIF. 1992-1993.
- Embajador de México en Polonia. Secretaría de Relaciones Exteriores, 1994-1999.
- Ejercicio Clínico Privado. Consultorio Particular, 2000-2024.

RC: Dr. Newman, ¿por qué algunas personas nos enfermamos de cáncer?

JN: Lo que yo aprendí y lo que sé y tengo para mí, que sigue siendo cierto, es que somos un agregado organizado de células, millones de ellas, que si bien están en el mismo organismo, están especializadas. Hay células de la piel que tienen que enfrentar la intemperie, por lo tanto, tienen que tener una especialización para hacer eso. Hay células digamos en las membranas, las membranas son por definición húmedas, son las cavidades como la boca, la lengua, los órganos sexuales, están especializados en una tarea y, por tanto, no hay una célula tipo, sino hay células especializadas, lo cual habla de células diferenciadas.

»Ahora por diferenciadas que sean, hay una cosa en la que todas se parecen: es imposible pensar que la célula con que naces te dure ochenta años, ninguna dura ochenta años, ya no digamos noventa. Entonces, el organismo está diseñado o está hecho o funciona a base de células que por diferenciadas que sean todas tienen una tarea común, que es reproducirse.

»Entonces la célula A, aparte de cumplir con su tarea especializada, tiene la tarea de dar a luz, utilizo la metáfora, a otra célula A, para que siga realizando la tarea que ella realiza mientras está viva. Este proceso de reproducción es como mágico, quiere decir que todo el tiempo, todas nuestras células se están reproduciendo. Es una verdadera colmena y no nos damos cuenta…

»Una cosa que tiene el organismo es que no la puede desechar, no puede decir esta salió mal, la tiro ¿no?, sino que ahí está. Entonces una célula que está ahí, que ocupa un espacio ahí, que consume sangre y oxigeno ahí, no sirve para la función que tendría que cumplir, y lo que no sirve estorba, entonces se constituye en un estorbo. Pero a su vez esa también se reproduce. Entonces, si la célula no es idéntica, aquella a la que produzca, tampoco lo va a hacer. Va a ir generando agregados de células no idénticas que están como huéspedes donde no deben estar. Eso va generando un cuerpo extraño.

RC: ¿Esto es el tumor?

JN: Está ahí, pero no sirve para lo que está ahí, entonces estorba.

RC: ¿Es el tumor?

JN: Es el tumor

RC: Le quiero preguntar ¿Qué ocurre con las personas a las que el médico, el oncólogo, le dice: "Lo siento mucho, usted tiene cáncer en tal lugar, ¿qué ocurre con esa persona? En general, ¿qué sucede?

JN: Ahí tocas un punto muy interesante que forma parte de la oncología, pero que comparte con todos los otros ramos de la medicina y hasta de la vida común. El otro lado es que las palabras una vez creadas dentro de nuestro cerebro, por decirlo así, se convierten en pequeños cajones, en donde vamos almacenando aquellas cosas que están asociadas con esa palabra y con esa imagen.

»Ahora, hay significados felices y hay significados, infelices. Entonces me refiero al poder evocativo de las palabras. ¡Tanto es así que la palabra tiene asociaciones y la palabra cáncer está cargadísima, cargadísima!

»Un cáncer es un cangrejo, es una masa que está agarrada ahí, eso es la imagen de la palabra cáncer, muy probablemente lo primero que se dijo, ¿cómo le llamamos a esto? Alguien dijo: "Parece como un cangrejo. Mira está agarrado probablemente". Entonces si preguntamos a las gentes qué les produce esa palabra, te puedo decir que es muy mala noticia, ¿por qué es mala noticia?

»¿Qué mala es la noticia?, ¿como la palabra catarro? No, mucho peor, porque un catarro pasa, ¿cómo sabe usted que pasa? Pues porque ya te dio catarro, ¿no? No sé, cualquiera te va a decir, tengo entendido que la mayoría se mueren.

RC: Dígame doctor, seguramente usted ha tenido enfermos de cáncer que le van a consultar ¿Cuál es su recomendación; ¿qué debe de saber el enfermo que tiene cáncer?

JN: Yo no le voy a preguntar cómo se siente porque la pregunta es obvia y me expongo a que me diga cómo quiere que me sienta; sino la pregunta es: "¿Y sabe lo qué es eso?". Bueno no, salvo que es terrible. Ok. Yo creo que lo primero que tenemos que hacer es que usted sepa qué es eso, para que sepa que es lo que tiene, y no vaya a tener digamos un concepto equivocado, mágico o no sé, equivocado. Entonces sería bueno que supiera usted lo que tiene. Si usted quiere podemos hablar aquí de esto, que es parte de su necesidad de hoy, buscamos bibliografía, le doy cosas a leer, le explico, sacamos un pizarrón, hacemos un dibujito y abrimos un capítulo, lo que usted nunca quiso saber del cáncer le toca saberlo hoy. Entre más sepa, más claro sabrá lo que está pasando, lo que puede pasar, lo que puede pasar en las diversas hipótesis para que usted tenga un mayor control de su propia vida.

»Entonces pongámonos a estudiar, porque mi tarea es acompañarlo a usted entre más vayamos sabiendo, más podemos entender lo que el médico le diga, que le mande, lo que le pase el pronóstico del médico y más puede usted platicarle a su gente. Porque toda la gente que está en torno de usted, a partir de hoy se va a poner acalambrada.

»Entonces usted es la fuente de la ansiedad, pues sea usted también la fuente de cierta tranquilidad, ¿no? Empezando por usted. Oiga, pero entre más leo más me voy a preocupar, ¿por qué se anticipa? Vamos a leer y enterarnos. Entonces a tu pregunta sobre qué es lo primero que tiene que hacer, saber lo que es el cáncer.

RC: Las personas que tienen cáncer, ¿cómo se acercan a un psiquiatra como usted?, ¿tienen miedo, tienen incertidumbre, tienen ansiedad y qué certezas tienen?

JN: Bueno aquí hay dos casos por experiencia. Uno es el familiar, viene y es el que me dice: "Estoy muy preocupado porque mi familiar tiene cáncer y estoy angustiadísimo", me habla el que no lo tiene. Entonces lo que dice, estoy angustiado, no duermo, estoy preocupado, tengo miedo, se va a morir, es mi marido, es mi hijo, es mi mujer, está hablando quien no tiene cáncer. Entonces lo que tiene el que no tiene cáncer se llama ansiedad.

»En cambio, si el que viene es el que tiene cáncer, entonces no estamos hablando de una ansiedad, estamos hablando del cáncer y de todo lo que el cáncer le produce. ¿Qué le produce el cáncer a quien acaba de recibir el mazazo? Pues primero una sorpresa. "¿Por qué yo? Si yo no bebo, yo no fumo, porque dicen que el humo le da cáncer, pero yo no fumo y porque dicen que el que bebe le da cáncer, yo no bebo, entonces no me parece justificado, es más seguro se equivocaron, es más no acepto que tenga cáncer".

»Hay una rebeldía. "¿Por qué yo? Hay otro que viene y dice, pues es que desde joven me dijeron, si sigues fumando te va a dar cáncer, yo pensé que no, pero sí. Entonces debí haber dejado de fumar, carajo, pero pues ya no lo hice y ahora tengo cáncer". Entonces, en general, la respuesta es, produce una ansiedad infinita, infinita. Es un estado de pánico. Literalmente se les apareció el diablo, se les apareció lo peor. Están asustadísimos. Algunos lo expresan de manera fría porque es su carácter, algunos al pronunciar la palabra cáncer sollozan, algunos no pueden pronunciar la palabra, dicen "doctor, doctor" y entonces empiezan, no pueden ni siquiera pronunciar la palabra cáncer.

»Me enfrento al caso de una persona que se está desmoronando de pánico que tiene taquicardia al hablar de eso, que palidece, que se le seca la boca y su actitud es como terminal. Cuando dice "tengo cáncer" es "ya me llevó la… o sea, no tengo remedio", y ahí se abisman en este pánico que los inmoviliza, y durante un tiempo no saben qué hacer. O se pelean o no lo aceptan, o cambian otro médico, porque seguro se equivocó o seguramente esto no es cierto y es falso, o sea no, o sea no.

»Cuando tú le dices: "Bueno, ¿por qué no empezamos por leer?". "Noo, no, no, va a ver que no, es decir yo no me quiero enfrentar, ni al hecho de tenerlo ni a la tarea de enterarme, entienda qué me da pánico lo que quiero es correr". Cuando uno corre del fuego, corre con los pies, cuando uno corre del espanto, pues corre con el sueño, la pesadilla, la droga, o sea cualquier cosa que me permita no ver esta palabra y lo que trae consigo, no quiero ver que estoy aterrado. Se les enfrían las manos, es decir, es un síntoma de pánico.

RC: El hecho de que se sepa que se tiene cáncer con todas las consecuencias que usted ha señalado, ¿contribuye a que el cáncer crezca, a que ese tumor se desarrolle aún más?, o ¿qué pasa si yo lo abordo en forma positiva? Esta es una oportunidad que tengo para conocerme mejor.

JN: Es una pregunta muy interesante, porque la pregunta va más allá del cáncer y es qué tanto la forma como entendemos los hechos, como entendemos las palabras, como interpretamos al mundo, determina lo que pasa con nosotros. Entonces, aquí estamos entrando a las teorías psicológicas, si no es que las teorías filosóficas, si no es que a las teorías religiosas.

»La teoría religiosa dice en general, que pues todo lo que te acontece es permitido o propiciado por la Divinidad. De ahí la frase "Dios sabe lo que hace". Entonces, si estás en un marco religioso y crees que en verdad hay un ser superior y que Él produce, autoriza y permite todo, pues en principio tienes un marco de interpretación. Pues esto Dios lo permitió, Dios sabe lo que hace.

RC: Pero entonces es un Dios punitivo.

JN: Pues puede serlo, o no, dependiendo del concepto que de Dios tengas, pero en todo caso en el marco religioso, si otro lo permitió, entonces lo que tengo es algo que tengo en relación con Él. Ya no estás solo, ¿no? Porque le puedes preguntar, le puedes reclamar y luego te puede consolar, luego te puede apaciguar, entonces es una manera diferente de vivirlo. Aquel que no tiene una fe religiosa, pues no tiene ese otro. Entonces, pues estoy solito con esto y ahora qué hago con esto.

»Y ahí vienen todas las teorías psicológicas, hay varias aproximaciones teóricas que asegurarían que dependiendo la forma como concibes, interpretas o estructuras la realidad, así te va a ir. Desde el punto de vista de estas teorías, llamemos la teoría racional emotiva, la teoría de la logoterapia. Es, pues todo depende cómo interpretas o vivas aquello que tienes en las manos. Tú lo puedes hacer terrible, tú lo puedes hacer vivible, tú lo puedes hacer gozable. Entonces en tus manos está escoger la interpretación que le des, y dependiendo la interpretación será la forma como lo vivas. Yo no soy muy partidario de esas teorías, porque me parecen más idealismos filosóficos que realidades orgánicas.

»Pero vamos a empezar por una cosa en la que sí estoy de acuerdo, y es, cualquiera que sea la interpretación, lo que es un hecho es que va a producir consecuencias; eso sí. La palabra cáncer no pasa desapercibida. La palabra cáncer no es, pues no sé si tengo caries en la muela 12 o en la 10. Pues es intrascendente, en la 10 o en la 12, pues hay que ir al dentista, en la 10 o en la 12 te van a tapar la muela, en la 10 o en la 12 te va a costar lo mismo, entonces no importa.

»Pero cuando se trata de otras cosas más importantes, no es lo mismo que en el aeropuerto me digan: "Su vuelo está retrasado veinte minutos, treinta, cincuenta, tres horas, o no va a haber". Porque altera mi predictibilidad y mis compromisos. Desde digamos intrascendentemente, ¿no quieres avisar? No, porque mi cita es hasta la ocho, entonces no importa, de todas maneras llego, hasta, no sé si es importante avisar ahorita que voy a llegar tarde.

»Entonces ahí está, si impacta tu vida, tu vida no es algo que tengas solo en la cabeza; tu vida es lo que tienes en el organismo y, por tanto, si impacta tu vida, impacta tu organismo, produce cambios en tu organismo, eso sí. Desde cambios tan notorios, como hay cosas que nos ruborizan, hay cosas que nos hacen sudar, hay cosas que nos hacen salivar, hay cosas que hacen sentir un hoyo en la panza, hay cosas que causan comezón, todas esas son respuestas orgánicas, consecuencia de lo que nos pasó. Entonces si la idea es, ¿los hechos producen consecuencias en el organismo? Sí, absolutamente sí. Ahora la pregunta es qué tengo que hacer para enfrentarme de manera diferente a esto Pero la otra interpretación es: ¿yo puedo decidir qué hago con esto?

»Es decir, el impacto está dado y tu organismo produce una reacción. Tú puedes hacer con esa reacción muchas cosas, puedes no ir al médico y a la mejor permitir que aquello empeore, es tu decisión. Puedes decidir ir a los Estados Unidos porque crees que los médicos de allá son mejores, aunque te cueste más, puedes llorar, si es que aprendiste a llorar, puedes mentar madres, si es que aprendiste que así se arreglan las cosas, puedes rezar. Pero una cosa es poder decidir qué hago para tratar de enfrentar eso. Y otra cosa es asegurar: "¿Yo puedo controlar eso?". Definiendo lo que voy a hacer y lograr el propósito. Vas a ver cómo esto no me va a afectar, ¿ah sí?, pero no, no ahí si no.

»Me parece una visión muy idealista del ser humano, o sea, tú controlas al mundo. No, no, eso si no. Claro los religiosos dicen "¿cómo qué no?". No, la fe mueve el mundo. Bueno, pues la gente que tiene fe piensa eso, ¿lo cree y eso le ayuda? Está bien, la pregunta es ¿La fe mueve al mundo?

RC: ¿No hay en esto una especie de imitación de lo que puede ser el efecto placebo? Qué bien sabes que una píldora de azúcar, que no te han confesado que es inocua; te dicen te va a curar del cáncer. Hay estudios en donde se señala que hay entre un 27 a un 31 %, me refiero a laboratorios de Estados Unidos, donde esto ha producido efectos muy positivos. Es estrictamente el efecto placebo, y esa gente que tiene problemas de orden canceroso, llega a un porcentaje entre un 27 y un 31 % de gente que detiene el tumor. ¿No le parece esto que de alguna manera el cerebro está ordenando las emociones, y las emociones están empeñadas en seguir lo que señala el cerebro?

JN: ¡No! No porque por definición el placebo tiene una peculiaridad. El sujeto que recibe el placebo está seguro de que consumió la medicina, lo sabe y lo cree y entonces esa creencia sí produce un efecto, y eso se llama condicionamiento operante. A ver, Pávlov, descubrió que los animales presentan ciertas reacciones ante ciertos estímulos, sin que el sujeto haya aprendido nunca eso, por ejemplo; si a cualquier animal que tiene ojos le acercamos una fuente de luz, la pupila se contrae, eso quiere decir la pupila que es la parte tal del ojo, cuando enfrenta una fuente luminosa que entre más intensa sea, se contrae con mayor rapidez y radicalidad. Y este animal nunca tomó clases para controlar la pupila. Lo cual sugiere que los animales tenemos ciertas reacciones preprogramadas.

»Ok, pero el avance de la psicología fue inventando descubriendo cosas. Si en el momento que le producimos la luz y tenemos la contracción de la pupila, en el mismo momento en que prendemos la luz tocamos un timbre y repetimos este apareamiento "n" número de veces llega el momento en el que, aunque no haya luz el timbre, produce la contracción de la pupila. Es decir, el timbre adquirió la capacidad de producirlo que no tenía antes. En el origen solo la luz produce la contracción. Como apareamos la luz con el timbre, llega un momento en que el solo timbre, aunque sea sin luz, produce la contracción. Y a eso le llamamos aprendizaje, el organismo sabe hacer una cosa que antes no sabía hacer.

»Tiene luz y tiene azúcar y tiene ácido, entonces salivas, desencadenas una reacción orgánica. Cuando en lugar de darle la pastilla que tiene un compuesto orgánico, tiene solo azúcar, lo que estás haciendo es produciendo el mismo efecto que la pastilla que sí tiene medicina. En virtud de que a la persona la entrenaste, esta pastilla produce esto, ya se lo probé. Entonces el organismo aprende. Ahora léase la trampa, le cambias la pastilla y, sin embargo, el organismo produce eso de la misma forma, antes el timbre no lo producía, ahora lo produce.

»En cambio, lo que tú me dices es algo diferente, sin que tenga un objeto, sino la sola intención de quererlo interpretar de ese modo va a producir ese efecto. Hay una salvedad, que tiene que ver con el entrenamiento. Los que hacen deporte o lo que sea logran hacer cosas increíbles. Cualquier persona común y corriente, pues no logra saltar más del tanto de distancia, de altura, etc., pero el entrenamiento hace milagros. Una persona que todos los días entrena con un entrenador capacitado a lo largo del tiempo y tiene una alimentación consecuente, pues logra saltar alturas que nadie más salta. Logra brincar, logra bailar, logra hacer cosas que nadie más hace, es producto del entrenamiento.

RC: ¿Cómo se podría traducir esto o llevar a los términos de un enfermo canceroso? ¿Qué tipo de entrenamiento, para utilizar su propio lenguaje, sería el aconsejable?

JN: Estamos hablando de entrenamiento, ¿no? "A partir de que usted supo que tiene cáncer dada la asociación que tiene la palabra, usted experimentó susto, ¿no es así?". "Sí doctor, y entonces no duerme usted bien, ¿no es así?". "Sí, si doctor, ok". "Le voy a explicar el mecanismo de la ansiedad. En el momento que usted se asusta, entonces sus niveles de tal y tal sustancia bajan, sus niveles de tal y tal suben y la expresión de esos cambios orgánicos es esta sensación de ahogo, ¿ya me entendió?". "Sí".

»Entonces entre la palabra cáncer y el ahogo median estas reacciones químicas, ¿sí? Podemos hacer varias cosas con estas reacciones químicas para modificarlas. Una, es le doy una pastilla cuando esto baja y le doy una pastilla y lo subo, entonces quito el pánico. Ok, sería la acción farmacológica.

»La otra, si usted es suficientemente disciplinado y no quiere tomar pastillas hay otra, que es el entrenamiento. ¿Qué quiere decir eso? A ver, lo voy a conectar a un aparato aquí en las puntas de los dedos, cuando usted reacciona con susto entonces la piel se contrae y esa reacción se mide en una pantalla. Usted va a ver en el momento que se asusta, cómo la aguja salta así, bueno, si usted comienza a respirar cada vez más lento, usted va a lograr que la aguja se regrese, es decir, va a recuperar el reposo que fue alterado por el susto. Eso se llama entrenamiento operante y no tiene nada de magia, vamos a hacerlo.

»A ver lo voy a conectar, ya estamos, ahora por favor lea esto, muy bien, pase la página, en el segundo párrafo aparece un párrafo describiendo una situación terrible sobre el cáncer, no lo dices, entonces va leyendo, vaya viendo su pantalla, la aguja está así, al llegar al pan pun, ¿ya vio cómo salió? Está usted leyendo el párrafo del cáncer produce la sensación. Ahora vamos a lograr que usted lea ese párrafo sin que pase eso, esto es entrenamiento. Entonces el entrenamiento tiene que ver, vamos a aprender a respirar cada vez más lento. Su ritmo respiratorio es así, si desde el principio lo entrenamos a que respire más lento, más lento, más lento, ha adquirido usted la capacidad de gobernar la velocidad de su respiración, como el atleta, aprende a gobernar la elasticidad de su músculo, lo desarrolla.

»Entonces primero vamos a aprender a respirar así, a ver cuándo yo cuente hasta siete usted inspira, una vez que inspira va a retener hasta que yo cuente a siete, una vez que yo cuente a siete, entonces va usted a expulsar el aire hasta que yo cuente a siete, entonces con esto estamos haciendo la respiración más lenta. Usted inspira más lentamente, retiene el aire, expele el aire.

»¿Usted dirá para qué me sirve esto? Ahorita lo voy a ver. Se da cuenta ayer, que a ritmo normal usted tiene sesenta y tres respiraciones por minuto, ahora que ya aprendió esto, le vamos a poner el cronómetro y va usted a ver cómo usted respira cuarenta y tres por minuto, ¿ya vio cómo? No, usted puede respirar más lento.

RC: Entiendo es el entrenamiento, pero ¿cuántas personas hay que tomen así en serio el saber que tienen cáncer y se sometan a este tipo de experiencias?

JN: Muy pocas.

RC: Bien.

JN: Muy pocas. Todo lo que es el control del cuerpo está mucho más presente en la cultura oriental, todo el mecanismo tiene una variable importante, y es en el mundo oriental, hay una concepción menos pecaminosa del cuerpo, hay una mayor familiaridad con el cuerpo. La gente está más acostumbrada a tocarse, a verse, el cuerpo no les asusta, no les espanta. La medicina china, todo esto se desarrolló gracias a que eran pueblos bélicos y entonces había en los ejércitos y al frente de los ejércitos estaban los hombres de poder que guerreaban y regresaban todos madreados de la guerra.

»Entonces su cultura los recibía masajeándolos; había personas educadas en masajeado. Entonces regresaba, ya no digamos el soldado común, sino el superior, rápidamente lo atendían y se cumplían tres cosas. Digamos el que lo sobaba, al tocarlo se daba cuenta donde estaban las lesiones y, por tanto, podía aplicar el remedio, la crema, la medicina en fin. Pero, por otro lado, él aprendía, lo estoy sobando y de repente se queja: "¿Le duele aquí?". "Sí". Entonces, el médico digamos decía algo pasa ahí que duele: "¡¡Ay!!". "¿Le duele?". "Sí, pero cuando usted toca aquí, me duele acá". "¡Ah! Entonces quiere decir que este punto y este están relacionados". Y tuvieron el talento de hacer apuntes y luego los apuntes en mapas, entonces tenían sus mapas y sabían, este punto produce esto, este punto produce tal reacción , este punto produce aquello…

»Podían producir esos efectos a base de esos tratamientos. Esto hace que en el mundo oriental hay una medicina más cercana al cuerpo, entonces no solamente es la farmacología, sino que disponen de un instrumento que es sanar por la vía de tocar, de producir efectos directamente en el cuerpo, eso no lo tenemos en occidente.

RC: Bien, como médico occidental, ¿podía compaginar también con lo que es la medicina oriental? Es decir, la acupuntura, el yoga, los masajes, la meditación. Todo aquello que tiene que ver, con lo que se le ha llamado últimamente medicina alternativa y que en occidente se empieza ya a reconocer que tiene efectos positivos. ¿Crees usted que la medicina occidental alópata, la que normalmente conocemos aquí en México puede de algún modo complementarse con la medicina oriental?

JN: Sí, con una salvedad. Yo creo que la llegada de la medicina oriental a occidente ha tenido dos reacciones. Desde una reacción alérgica, que dice eso no sirve y la descalifica y en otro extremo una suerte de ilusión. El yoga es un entrenamiento, logra el efecto, pero gracias a una disciplina y la disciplina es larga, exigente. Creo que tenemos una suerte de mitificación de esa parte de la medicina oriental en oriente. Porque es fácil que te ofrezca, venga usted al curso, ¿le duele la cabeza? con cuarenta y cinco minutos se lo quitamos.

»El yoga puede quitar la cabeza sí, con cuarenta y cinco minutos no, te quita el dolor de hoy, pero si el dolor lo está produciendo algo al rato te vuelve a dar. Desarrollar toda la cultura del cambio que quieres organizar en el organismo ¿para que logre enfrentar de manera permanente y eficaz un dolor de cabeza? Es una disciplina de meses. Los orientales así son, como tienen la certeza y tienen la cultura y aprendieron, pues tienen años desde niños meditando. A un occidental lo pones a meditar y yo lo he hecho varias veces, la menor mosca te distrae, suena el teléfono te distrae. Se necesita mucha disciplina, despojarte de todo, deshacerte del teléfono y entrenar todos, todos, todos los días para adquirir ese hábito.

»Tú puedes tener condiciones orgánicas muy buenas, tienes músculos largos, eres alto, el entrenador te puede decir, oiga tiene usted un cuerpo excelente para salto de altura, lo vamos a entrenar. Pero entrenar quiere decir, no cuando se le pegue la gana, o sea todos los días, porque hay que hacer de ese músculo, que siendo largo ahora sea elástico, y el cambio toma meses si no es que años. Esa disciplina no la tenemos.

RC: Bien finalmente, como psiquiatra que es, ¿cuál es el consejo que daría a un posible enfermo de cáncer, puede ser del corazón, puede ser del colon, puede ser del pulmón, puede ser si le da tiempo del páncreas?, ¿cuál sería su consejo?

JN: Infórmense y procure que en todo su entorno lo sepa, y comparta esa información, de tal manera que no haya fantasmas. Ni el fantasma se cura solo, ni el fantasma de me muero mañana. Solo la información le va a permitir entender qué es lo que tiene, cuál es su caso, cuál es el pronóstico, qué es lo más probable que le pase, cuáles son sus opciones, cuáles son sus necesidades, qué es lo que la realidad le está exigiendo. Entre más información tenga, mejor decisiones puede tomar. Si usted sabe que esto va a tener un impacto económico la pregunta es: ¿cómo cuánto y a partir de cuándo? Para irle calculando qué voy a hacer. Entonces, lo primero, infórmese. Que muchas veces el miedo hace que digan: "No, no, yo no quiero ni informarme doctor, no quiero", pues supérelo. Ya tiene usted un problema, la mejor manera de enfrentar el problema es enterarse qué tiene y poder hacer predicciones de que va a pasar, para que usted se organice. Entonces infórmese y procure que su grupo familiar y su entorno tengan igual nivel de información para que todos caminen al parejito y vayan entendiendo lo que pase, uno.

»Dos, una vez que se informe entonces usted puede estimar qué va a pasar y cuándo va a pasar. Entonces organícese, usted ya entendió que lo que tiene implica que le van a recetar quimioterapia, radiaciones o una cirugía. Lea y si se asusta, pues haga ejercicios de respiración, hay gente que le puede enseñar. Si no tiene tiempo para eso, entonces tómese un fármaco para que aparte de esto no tenga ansiedad porque va a estar usted peor. Entonces entre más informado está, mejor puede enfrentar la situación.

»Segundo, si lo que tiene que hacer para enfrentarlo ya lo sabe hacer, tiene usted una gran ventaja. Tiene usted muy buen humor y no es preocupón, pues le va a ir menos mal a una persona que es muy impresionable y llorona. Pero si lo que le está pidiendo la realidad usted no lo tiene, adquiéralo. Usted tiene que aprender a respirar lento para poder dormir bien, pues entonces aprenda a hacerlo. Usted tiene que ponerse tales inyecciones y las tiene que conseguir, pues entonces consiga el dinero para comprarlas. Porque usted está frente a eso, entonces haga lo que haga eso viene sobre usted. Entonces la pregunta es ¿Usted qué va a hacer frente a eso? O sea, usted es la golpeada, usted la ofendida, usted es el robado, usted dónde está, a usted le pasan cosas.

»¿Qué no se le ha ocurrido que usted puede hacer cosas frente a las cosas que le pasan? Habitualmente las actitudes pasivas son de la que todos nos quejamos. Me hicieron, me insultaron, esto y el otro y ¿usted qué hizo? "Bueno, ¿pues qué quería que hiciera? Pues aguanté". "¿Y le parece que haber aguantado es lo mejor?". "¿Pero qué podía yo hacer?". "¿Se hizo usted esta pregunta?". No, ¿entonces lo han madreado quince años y no se le ha ocurrido nada? Ya está usted muy madreado, pues que se le ocurra.

»Ahora cómo saber qué puede hacer, otra vez, pues infórmense, frente a esto que puedo hacer. Si usted lee, usted verá. Frente a esto tiene tres opciones: ¿cuál sería la mejor?, ¿cuál es la que es más fácil?, ¿cuál tengo a la mano? Ésta, pues ahora entrénese y hágalo. Entonces infórmese, aprenda y organícese.

Dr. Alejandro Mohar
"Decir cáncer y pensar que me voy a morir, es una estigmatización"

¿Quién es el Dr. Alejandro Mohar?
Hoja de vida

• Médico Cirujano por la UNAM, especialista en Anatomía Patológica por el Instituto Nal de Nutrición; Maestría y Doctorado en Epidemiología en la Escuela de Salud Pública de la Universidad de Harvard (1985-1990), con beca del 100 % por parte del CONACyT.

• He dirigido un total de cuarenta y seis tesis de Licenciatura, Especialidad, Maestría, Doctorado, y un pos-Doc; once Ayudantes de Investigador-SNI; Tutor de veintiochos Pasantes en Servicio Social, y Miembro de quince Comités Tutoriales. Ingresé al

Sistema Nacional de Investigadores (SNI) en 1991. A partir del año 2003, soy Nivel III del SNI, Coordinador de tres Investigadoras por México en el Proyecto: Cáncer de Mama en Mujeres Jóvenes.

- Por el Consejo de Salubridad General.
- Premio Miguel Otero de Investigación Clínica.
- Premio Dr. Guillermo Soberón Acevedo "Desarrollo de Instituciones"
- Medalla "Dr. Miguel E. Bustamante" por el Instituto Nacional de Salud Pública.
- Tengo doscientas cuarenta y tres publicaciones indexadas nacionales e internacionales y cuarenta y dos no-indexadas; ciento sesenta y un trabajos y participaciones en congresos nacionales y extranjeros; cinco libros y treinta y siete capítulos de libros.
- A la fecha, 13 176 citas a mis trabajos publicados.

Líneas de Investigación

Mis líneas de investigación incluyen tres grandes rubros:

- La epidemiología descriptiva de cáncer en México y en América Latina.
- Marcadores clínico-patológicos en pacientes con cáncer de mama, como factores predictivos y pronósticos.
- Identificación de factores de riesgo y agentes causales de cáncer.

He obtenido recursos financieros; entre otros: Proyecto CONACYT número 272823 (2017-2020): y RO1-Grant del

National Cancer Institute de los EE. UU.

Actividades de Difusión

He desarrollado diversas actividades de difusión de la ciencia y conocimiento del cáncer, a través de congresos nacionales e internacionales, clases de pregrado y posgrado, entrevistas en radio y televisión, y con cuarenta y dos publicaciones en revistas no indexadas de carácter científico.

RC: Doctor, ¿por qué algunas personas se enferman de cáncer?

A: Primero Raúl, el concepto hay que tener que es muy importante, el cáncer no es una enfermedad, son hoy consideradas más de seiscientas diferentes enfermedades y así como hay miles de infecciones por virus, bacterias, parásitos, protozoarios, etc., el cáncer tiene diferentes tipos, diferentes causas. Entonces hoy decir cáncer es un término genérico, es como decir infección. Entonces, ¿cuáles son las causas de cáncer y por qué nos enfermamos de cáncer? Pues depende de qué tipo de cáncer, depende qué sexo, depende que edad, depende qué región y depende de lo que llamamos factores causales o factores que pueden desarrollar riesgo de cáncer.

»¿Cuál es el primero y el más importante de todos los factores para cáncer? La edad. A medida en que vamos envejeciendo vamos teniendo riesgos a desarrollar cáncer por un proceso genético que bueno no voy ahora a detallarlo, pero es que la célula pierde la capacidad de reparación y con ello tiene lo que llamamos mutaciones, o sea daños en los genes y ese daño genético dispara un proceso neoplásico que tarda años, a veces meses, pero en general es un proceso largo. ¿Cuáles son las principales causas de cáncer en el mundo aparte de la edad? Tabaco, el alcohol, las infecciones, exposición solar, la contaminación del medio ambiente, digamos, es el gran grupo de agentes etiológicos. En las infecciones hay varias causas virales, bacterianas y, sin embargo, el tabaco y el alcohol son los principales factores de riesgo.

RC: ¿La herencia?

A: Sí, hay un componente chiquito, del 8 al 10 % en donde, efectivamente, uno tiene una carga genética que lo predispone al cáncer.

RC: ¿Qué debe saber un enfermo de cáncer cuando le dicen: "Lo siento, tiene usted cáncer"?

A: Decir cáncer y pensar ya me voy a morir, es un mito, una estigmatización. No, no debe de considerarse así. ¿por qué? Porque el cáncer como ya se definió en el mundo, es un grupo de enfermedades crónicas como la diabetes como la hipertensión o la obesidad que uno adquiere la patología, adquiere la enfermedad y, bueno, dependiendo de uno el acceso a la enfermedad, el manejo de la enfermedad, pues puede vivir muchos años con la diabetes, muchos años con hipertensión, muchos años después de un infarto.

»Igualito puede vivir muchos años con el cáncer, claro, como hay tantas variedades de cáncer, depende el tipo de cáncer y lo que todos sabemos, lo que tú sabes cómo muchos enfermos de cáncer, es que hay que explicarles: primero, el tipo de cáncer, dónde está localizado. Más frecuente en México, el cáncer de mama. Si está restringido a glándula mamaria, si está en ganglios, si ya se fue a los huesos, al hígado, todo es importante. Cáncer de próstata, en los hombres si está confinado a la glándula o si ya migró a las células, hacia los huesos. Todos esos factores así como el tipo de tumor, el tamaño del tumor, si ya se fue a las áreas vecinas o si ya migró e invadió otros sitios externos, todo eso conlleva el pronóstico y el pronóstico no es mortal.

»Digo, hay tumores dentro de los seiscientos que podemos analizar que si tienen un cuadro agresivo muy rápido, si se diagnostican tarde como es el caso del cáncer de páncreas, cáncer de tumores cerebrales, algunas leucemias, el de hígado que son altamente letales. Pero hay muchos otros, el de colon, el de mama, el de próstata, algunos de tubo digestivo, algunos de ganglios, del endometrio, del cérvix uterino, inclusive de ovario que es un tumor muy agresivo, todos esos se pueden ir controlando y el paciente puede vivir uno, dos, cinco, diez años.

RC: ¿Por qué hay niños a los que les da leucemia?

A: Ahí sí viene una carga, no genética, pero una carga de un daño estructural de nacimiento que tiene ya el niño congénito, es decir, que nació con esa alteración y que desarrolla un cuadro de leucemia. Esa es una causa, la otra es efectivamente la exposición a radiación, como sucedió en Hiroshima con la bomba nuclear, o el accidente de la planta nuclear en Chernóbil, personas expuestas. Hace muchos años, ahora afortunadamente ya no, a radiación por equipos de rayos X, es otro factor de la leucemia.

»En el grupo infantil y pediátrico es una enfermedad que el niño desarrolla sin ninguna causa aparente; es una alteración que ya traen las células del niño y que se dispara, pero un niño con leucemia bien tratado en cualquier lugar del mundo, bien tratado y diagnosticado a tiempo se cura en más del 90 %. Eso ocurre en Estados Unidos, en Europa; y en México andamos como a la mitad entre el 50-60 %.

RC: ¿Cuáles son los síntomas que presenta el cáncer, este enemigo silencioso?

A: Un punto muy importante ahí, muy importante para la educación del cáncer es, dependiendo de la localización, pues obviamente es la forma más significativa de identificar el síntoma. Puede ser un ganglio en el cuello que crece. En las mujeres cáncer de mama, pues obviamente un nódulo en alguno de los pechos. En los hombres, cáncer de próstata, estoy hablando de los más frecuentes. También un problema urinario, la retención urinaria. Cáncer de Colon que de repente tengamos un sangrado del tubo digestivo. Lamentablemente hay tumores que no mandan una señal tempranamente, como el cáncer de páncreas, el tumor cerebral.

»Y hay un conjunto de síntomas, Raúl, que de alguna manera orienta en un hombre maduro, en una mujer madura que empiezan a perder peso inexplicablemente, que tienen fiebre, que pierden energía; eso orienta a pensar que hay algo mal en gente ya mayor. En los jóvenes, que es el tumor más frecuente, cáncer de testículo, pues es fácil, palparse una masa en los órganos genitales. Pero ¿cuál es el problema?, ¿cuál es el problema mexicano y mundial? La educación y la conciencia, aquí vemos hombres jóvenes de veinticinco y treinta años con grandes masas testiculares y cuándo les preguntamos: ¿te palpaste el tumor, qué pasaba? Pues por pudor, por pena, por desinterés, por falta de información, pues no acuden a tiempo. Entonces llegan aquí con grandes malestares.

»Es también el caso en cáncer de mama, que vemos tumores enormes, ulcerados, infectados y que las mujeres inexplicablemente no acuden al médico. Y otro que es muy frecuente, también pues la piel. Hay lesiones que parecen lunares, de color negro, que es indicación de un algo que puede ser importante. En resumen, es un espectro muy grande de síntomas, depende la localización, de la edad, del tiempo, pero lo importante es que la detección temprana de algún tumor maligno hace toda la diferencia para hacerlo, inclusive, curativo, siempre y cuando el paciente o la gente sea educada y consciente de esta información básica.

RC: ¿De alguna manera se pudiera prevenir el cáncer con lo que está usted diciendo?

A: Se considera que más del 30, casi el 40 % de los tumores malignos se pueden prevenir. Prevenir, es decir, que no ocurra. ¿Cuál es la primera y más importante forma de prevenir el cáncer? Es el tabaco. Si eliminamos el tabaco, por alguna razón, dejará de existir en el planeta el 30 % de los tumores, es decir, de los 18 millones de personas que sufren cáncer en el mundo, 6 millones no aparecerían porque están asociados al tabaco.

»Junto con ello contribuye el alcohol, las infecciones. ¿Cuántos amigos tuyos, compañeros, colegas, escuchas que tienen gastritis, gastritis crónica y no se tratan porque tienen una infección bacteriana? De repente empiezan a tener dolor, de repente tienen vómito con sangre, quiere decir que esa bacteria ocasionó un tumor maligno en el estómago, que es de las primeras causas de muerte en México, de cáncer de estómago. En las mujeres, que empiezan a tener sangrado transvaginal, pues hay que hacerles urgentemente un análisis, de Papanicolaou, prueba de VPH, examen ginecológico. Entonces todo eso indica que si logramos evitar infecciones por virus del papiloma, evitamos el alcohol, evitamos el tabaco, evitamos la gastritis, el 30-40 % de las enfermedades ginecológicas no aparecerían. Es una ilusión, ¿verdad?

RC: *El doctor Allison, premio Nobel de Medicina en 2018, señala que, el aparato inmunológico que nos resguarda, advierte junto con otro investigador oriental que casi de manera coincidental los dos descubren lo mismo y ambos tuvieron el galardón. Esto fue ver que los linfocitos T de los glóbulos blancos no alcanzan a penetrar al cáncer. Se preguntaron durante años, tanto él como el otro galardonado, ¿por qué no entran los linfocitos? Descubrió que hay una membrana que rechaza la entrada de nuestro sistema inmunológico de defensa; también señala que ese mismo sistema estimulado puede ayudarnos a penetrar al cáncer y curarlo o al menos detenerlo. ¿Usted qué piensas de esto?*

A: Es una historia extraordinaria y refleja lo fuerte que es la célula maligna. Extraordinario. Es una célula nuestra, no es que te haya ocurrido con una infección. Tú mismo la originaste.

RC: *¿Nosotros la generamos?*

A: En efecto, no es que te haya caído una infección como VIH, es una propia célula que se transforma y se convierte en autónoma. Funciona fuera de la cadena normal biológica de nuestro organismo. Y lo increíble es su capacidad de crecer, de invadir, su capacidad de reproducirse a velocidades extraordinarias en billones de células y eso en semanas, en meses. ¿Y cómo es posible que seamos nosotros mismos que la estamos produciendo? ¿Y cómo es posible que nuestros linfocitos que nos están defendiendo no la identifiquen? ¿Pues qué hace esta célula?

»Lo increíble de esta autonomía de la célula es que produce esta defensa contra las propias células de nuestro organismo, como bien lo señalaste el sistema inmunológico, las células T, linfocitos B, anticuerpos y demás. El linfocito sabe que es una célula equivocada y quiere actuar, pero esta célula se defiende y frena, bloquea la entrada de esas células benéficas. Lo fantástico de esto, del esfuerzo del Premio Nobel, es desarrollar medicamentos; ya hay como ocho diferentes, que son la base de la inmunoterapia que permiten abrirle la puerta a esta célula propia para que pueda penetrar a la célula maligna y destruirla. Haciendo una inhibición de una proteína que está en la célula maligna que impide que la ataquen, pega un anticuerpo, le abre la puerta al linfocito y entonces ya puede identificar y destruir la célula maligna.

RC: Con esto que usted está describiendo, la autonomía de la célula, el hecho de que se defiende, el hecho de que se puede ir a otro órgano, te pregunto algo que considero básico, ¿acaso la célula del cáncer tiene inteligencia?

A: Obviamente no es que tenga una capacidad cerebral, tiene una capacidad de supervivencia extraordinaria.

RC: ¿Es o no inteligencia?

A: Yo diría que es una capacidad superlativa biológica que tiene el cáncer que supera en mucho, en el ámbito de la reproducción a otras porque, pues obviamente uno quisiera mantener las neuronas toda la vida en las mismas condiciones, pero uno las va perdiendo, no tienen esa capacidad y si nace un tumor maligno, este produce y produce…

RC: Mientras usted y yo platicamos, nuestras células se están reproduciendo. Alison dice que la célula cancerígena rompe la armonía, es decir, se sale de lo que debe de ser. Y las características que usted me está diciendo, están hablando de una fortaleza superior

A: Inmortalidad. Buscan la inmortalidad.

RC: Inmortalidad... pero una vez que atacan definitivamente la búsqueda de esa inmortalidad lesionan al cuerpo y finalmente mueren. Es decir, es una búsqueda de inmortalidad que los lleva necesariamente al suicidio.

A: Así es, porque no tienen límite y son implacables. O sea, ellas a donde puedan migrar, anidarse y reproducirse, lo van a efectuar.

RC: Cuando dice pueden, ¿esto significa que hay una voluntad?

A: Sí, tienen la capacidad de crecimiento prácticamente sin límite y una vez que crecen, crean sus propios vasos comunicantes e invaden el torrente circulatorio y mandan millones de hijas a circular por todo el organismo. Y esas hijas andan "buscando" cómo romper el torrente circulatorio y anidarse en el hígado, en el cerebro, en los ganglios y seguir creciendo. El problema del cáncer es ese. Entonces se desplaza la célula mecánicamente, puede ir al hígado, el riñón, el cerebro y las sustituye por células ajenas.

»Y si tú las ves en el microscopio, como lo hacemos los patólogos, pues la ves espantosas, las ves completamente distintas a la armonía celular de un tejido donde están perfectamente alineados y funciona de maravilla dentro de la sangre. Todo eso se pierde bajo el microscopio y, en cambio, ves una masa de células, que están invadiendo el hígado o cualquier otro órgano y que a la vez las ves cómo invaden el torrente circulatorio. Es tremendo y fantástico al mismo tiempo.

RC: *Todo esto que está diciendo "buscan en el torrente sanguíneo dónde anidarse, buscan un órgano que sea un órgano que las reciba" es como de ciencia ficción.*

A: Así es…

RC: *Está definitivamente hablando de una célula autónoma, de una célula fuerte, de una célula que desarregla absolutamente todo el sistema inmunitario.*

A: Inmunitario y anatómico, porque entonces invade el hígado e impide que trabaje el hígado, sustituye al hígado. Invade el cerebro y obviamente rompe toda la estructura neuronal

RC: *Es una invasión.*

A: Total, y lo interesante es que no todas las células o no todos los tumores invaden algunos órganos o no, entonces el cáncer de próstata, pues sabemos que va a invadir localmente, primero los huesos, es raro que se vaya al cerebro. En cambio, el cáncer de mama, sabemos que, una vez tratada una paciente, puede recurrir con invasión al cerebro. Y hablando de las células como un segundo componente que la hace todavía más inaudita, pues es que tú la tratas y parece que desaparece y ya le buscas, le haces pet y no hay y de repente aparece un tumor de 5x5 en el cerebro o en el hígado, pues ¿qué pasó? Tomas esas células las ves bajo el microscopio, haces lo que llamamos una secuenciación genética y te das cuenta que es otro tumor, que tiene características genéticas distintas al primario.

»Es decir, cuando al tumor le pegaste con la quimio con la terapia, desapareció, pero quedaron diez. Esas diez, con el tiempo, su código genético cambia y resiste ya el tratamiento que se está dando y genera una nueva familia de células tumorales, que ya no va a responder a este tumor. Ahí hay dos alternativas que tú las conoces bien, regresó el tumor, entonces ese tumor que regresó lo vemos y sabemos que es diferente a este, entonces hay que darte un tratamiento diferente para ver si le pegan.

»O bien, hay tumores que durante el tratamiento no responden y continúan, entonces quiere decir que fueron resistentes a la quimioterapia de primera línea. Hay que quitar esa primera línea y buscar una segunda alternativa, y eso es lo que es difícil, pero extraordinario hoy de la oncología porque es una guerra. Ganas la primera batalla, se fue, está bajo control; ya regresó, vamos por él en esta forma, ya respondió, ok; volvió a regresar, pues vamos por él con inmunoterapia, con radioterapia, no, es una lesión pequeña en el hígado, vamos a operarlo y quitarlo y así, es un diálogo perenne y crónico entre el oncólogo, el paciente y su célula que está ahí…

RC: *¿Sería excesivo decir que una vez que te ha tocado generar el cáncer, nunca se va?*

A: Se puede desaparecer anatómicamente y clínicamente, vamos a decir, que tengamos la certeza de que no hay una célula circulante, pues no lo podemos asegurar porque hay mujeres que después de dieciocho años de estar libres de tumor, éste les regresó. Es un nuevo tumor. No parece que es el mismo porque el cáncer de mama tiene las mismas características, pero resurge con nuevas características. Ahora, la pura célula maligna microscópica está circulando. Tomo una muestra de sangre, analizo el DNA y digo, pues aquí hay una célula tumoral de cáncer de colon que está circulando, pero no hay manifestación clínica.

»Eso en el futuro yo creo que va a ser una forma de vigilancia, hoy no es accesible. Hoy lo que se hace, lo que llamamos la biopsia líquida, es ver si el paciente ya respondió al cien, si no hay ninguna traza de que el tumor está activo o que va a regresar y hay que vigilarlo más rápidamente para evitar que lleguen a etapa avanzada. Entonces, ese estudio molecular de la célula maligna, es decir circulante, ese es gran parte del futuro de la prevención y de la detección temprana de cáncer.

RC: Tengo varias preguntas que no van a tener lógica que las haga, porque con lo que me has dicho, la célula de cáncer no nada más es robusta, inteligente, autónoma, sino que puede reaparecer, como dijo en el caso de esta señora, dieciocho años después. Pareciera ser que hay un monstruo dentro de nosotros. Primero, que nosotros mismo vamos a autogenerar ese monstruo. Dos, que la medicina, a pesar de los grandes adelantos que ha tenido, se encuentra todavía sin posibilidades genéricas de curar, en virtud de que la metástasis, es decir la proliferación se puede dar en cualquier momento, a pesar de que el médico, el oncólogo te diga "señor Cremoux, usted está curado".

A: Así es.

RC: Este cáncer que estoy tratando de eliminar, puede resurgir.

A: Sí.

RC: ¿Cuál es el papel del metabolismo basal en un hombre como yo de ochenta años? El metabolismo es

mucho más lento que de un joven de veinticinco, quiere decir que en mi caso es más difícil que mi metabolismo basal produzca las posibilidades de que renazca el cáncer.

A: De acuerdo.

RC: En cambio, ¿en un joven, en un hombre joven, en una mujer joven, por su propio metabolismo basal, que es mucho más rápido, puede tener características de mayor rapidez de que un cáncer renazca?

A: Ahora, ahí hay dos puntos importantes. Efectivamente, la célula neoplásica en un joven de veinticinco años, pero uno con un cáncer de testículo, es totalmente distinto a una mujer de treinta años con un cáncer de mama triple negativo. Son dos escenarios totalmente distintos.

RC: ¿Qué es lo que los hace distintos?

A: Es curable al 100 % el cáncer de testículo, es curable al 100%, en alto porcentaje y no regresa, ¿por qué? No sabemos, pero no regresa. El cáncer de mama en una mujer de treinta años triple negativo, es un tumor mucho más agresivo que tiene una vitalidad mucho mayor y a esa paciente sí le puede regresar el cáncer en cinco, diez, quince años. Sin embargo, hoy con la inmunoterapia, con otros inhibidores que llevamos de terapia, tenemos un amplio espectro también de la quimioterapia, pero los medicamentos oncológicos pueden, junto con el hecho de ser joven con una buena respuesta inmunológica, pueden contener mejor el tumor.

»Hay tumores que sí, efectivamente, casi nos podemos olvidar del tumor, como es el cáncer de testículo, el linfoma de Hodgkin, cáncer de colon en etapas iniciales, cáncer de mama in situ, pero el amplio espectro de los pacientes que vemos aquí en centros oncológicos son tumores más avanzados y más difíciles de contener a largo plazo. Entonces, la tuya es una pregunta complicada. En tu caso, que ya has vivido ocho décadas, efectivamente tus células, como tu metabolismo es más lento y la probabilidad que recurras es menor. Un hombre de tu edad que le dé cáncer de próstata, no le hace nada, lo vigilan porque es un cáncer de próstata latente de largo plazo con metabolismo basal, que no hay que hacer nada. A un hombre de cuarenta y cinco años que le dé cáncer de próstata hay que estar sobre de él porque hormonas va a tener, va a estar estimulando la glándula prostática, hay que estarlo vigilando muy de cerca. Entonces sin duda la edad, dependiendo del tumor, conlleva un riesgo de recurrencia y respuesta.

RC: Me quedo con una impresión, doctor Alejandro Mohar, a pesar de que el Instituto Nacional de Cancerología de México realiza trabajos importantes donde están ustedes nutridos de los adelantos internacionales también; pudiera yo pensar con todo lo que ha dicho y lo que he leído, que el cáncer es un fenómeno maligno, silencioso, una enfermedad a la que se debe de respetar, pero encuentro, a pesar de todo lo que he dicho, de que hay otros factores que son muy importantes para contener el cáncer.

»Uno de ellos, respeto y cariño por sí mismo. Estímulos de todo orden, fundamentalmente de familia, hijos, nietos, hermanos, tíos, lo que tengas a la mano. Un amor, una pasión, un proyecto. En suma, tener ganas de vivir y añado, ayudarte también de medicina no convencional. Quiero pensar en el yoga, en la acupuntura, en el taichí, quiero pensar en técnicas orientales que veni-

das desde tan lejos y puestas bajo el dominio de la medicina occidental, pueden ser una buena suma, puede ser una buena capacidad aumentada para defenderse. ¿Cómo juzgaría este tipo de ayudas no convencionales?

A: Esto se ha hecho ya por décadas. Porque sí, efectivamente, a veces no responden y a veces si tienes un apoyo social, un apoyo familiar, acceso a buen medicamento, a buen trato de la enfermedad, tu estado de ánimo, tu respuesta inmunológica, tu capacidad de tolerancia a la quimioterapia a los efectos tóxicos a veces de estas múltiples intervenciones, permites, abres la puerta para que el tratamiento sea óptimo. La medicina complementaria ha sido un tema de siglos y en el cáncer pues no está exento.

»Se han creado centros de medicina complementaria en los grandes centros oncológicos. En la Universidad de California, en San Francisco, Europa, en el MD Anderson, que es la catedral del cáncer en Houston, una ciudad dedicada al estudio de investigaciones de tratamiento el cáncer. Ahí hay un gran centro de medicina complementaria, incluye taichí, incluye herbolaria, incluye acupuntura, psicoterapia, arteterapia, apoyo voluntario. Eso lo trajimos aquí a Cancerología en una escala menor, en un centro que llamamos el Centro de Apoyo para la atención integral del paciente y hay toda una cultura en torno a ello, que se llama Oncología Integrativa.

»Es decir, tú integras otros componentes al enfermo de cáncer, con todo lo que has dicho y que se sabe que médicos más ortodoxos de las instituciones más ortodoxas de cáncer reconocen que el yoga es un elemento fundamental para mejorar la respuesta de tratamiento de cáncer. Y ahí entramos en un terreno que es muy amplio y que es una

enorme discusión a nivel mundial, es que el paciente oncológico, tarde o temprano en algunos casos pues va a avanzar
la enfermedad y ya no tiene capacidad de terapéutica oncológica. Entonces lo que se le ofrece a ese paciente es calidad
de vida. Calidad de vida y se acompaña de lo que llamamos
cuidados paliativos o medidas de apoyo sintomático.

»Una discusión universal es que te dan el diagnóstico
de cáncer, vas a ir a cirugía, a la radioterapia y quimioterapia, pues hay que acompañarte en tus síntomas, entonces
la medicina paliativa te puede ayudar para controlarte el
dolor, para controlarte la diarrea, para controlarte la náu-
sea, para controlarte la depresión y el desánimo, te com-
plementa con yoga con chi ku, con amistad, con todo lo
que has dicho. Sin embargo, hay pacientes que lamentablemente no responden al tumor, pero que siguen con
esos tratamientos complementarios que le ofrecen una calidad de vida.

»Aquí y en varias partes del mundo, el paciente vemos
que ya recibió tres cuatro líneas de tratamiento, que sigue
avanzando el tumor, que es muy agresivo y ya, el paciente
dice: "Ya no quiero quimioterapia, ni radioterapia, ni quiero
operarme, qué sigue"; paliativos y calidad de vida. En su
casa, con su familia, en su entorno, con sus seres queridos
y puede ir avanzando, ¿qué es lo que le molesta más al paciente con cáncer? El dolor. El deterioro de la calidad de
vida, la discapacidad, cuando llega a una fase en donde
lamentablemente no hay mucho más qué hacer, pues entonces pasa a una fase terminal, dos tres meses, el paciente
ya en el extremo se puede empezar a sedar.

»Sedar no es eutanasia, mantenerlo sedado para que
su metabolismo, su actividad general sea estable y así

puede estar unos meses hasta que finalmente fallece. Es como un viaje que arranca a partir del diagnóstico, tratamiento, complementalidad, recurrencia, primera línea, segunda línea, no responde, entonces entra a paliativos, paliativos desde el principio, intermedios o al final, calidad de vida hasta el final. Esto en muchos casos. En otros, como decimos, un paciente falleció con cáncer, pero no de cáncer. Un cáncer de próstata, mi papá murió a los noventa y uno o noventa y dos años que recuerde, tenía cáncer de próstata, ni en cuenta. Tuvo cáncer de laringe, ni en cuenta. Falleció de un accidente vascular cerebral a los noventa y dos años.

RC: Por último, doctor Mohar, en México tenemos la costumbre de que te vea un brujo, una hechicera, de que te vea alguien que te receta una píldora que ha sido muy buena porque la extrajeron del Amazonas; este es un país donde los curanderos tienen un lugar privilegiado sobre todo para la gente humilde. Considero que en algunas ocasiones puede ser un placebo, pero al final de cuentas si tú crees en esa hierba, en esa píldora, hay muchos que dicen: "Yo me he curado del cáncer tomando hojas de guanábana", "ha sido gracias al jengibre", "ha sido gracias a determinadas curaciones hechas por los masajes que me han dado", etc., ¿qué tan efectivo es un placebo cuando tú pones tu fe, tu entusiasmo y tu dedicación en ello?

A: Te pueden dar buena calidad de vida, ¿qué te pueda curar un melanoma? No. ¿Qué pueda revertir un linfoma? No. ¿Hodgkin peritoneal? No. ¿El cáncer de ovario curar con un masaje y le den acupuntura y le pongan imanes? Pues no, ojalá, evitaríamos descargas financieras, sufrimiento, pues no, no es así. Un niño con leucemia, en lugar de darle la quimioterapia que lo pueda curar en un 90 %, vayan con una herbolaria o con un masaje, pues no, es inhumano y criminal. Entonces, ¿cómo complementas esos dos? Y no estamos en desacuerdo, en oncología nacional y mundial, pues hay tratamientos complementarios que sin duda ayudan a la calidad de vida, pero no sustituyen el tratamiento ortodoxo. Cualquier gente que dedicada al cáncer viendo y conociendo la biología no va a optar como primera opción, pero que el placebo pueda tener un efecto sobre el sistema inmunológico, sobre la respuesta del tratamiento, sin duda hay suficiente evidencia que ayuda y coadyuva eso.

RC: ¿Qué ha hecho el Instituto Nacional de Cancerología en un sexenio donde su presupuesto ha sido constantemente disminuido? Donde lejos de dar facilidades, otorgar mayores facilidades, en general para el sector salud y concretamente para el Instituto Nacional de Cancerología, ¿cómo es que han podido dar resultados? ¿A qué se debe que las largas filas de nosotros los pacientes, somos atendidos? Pase lo que pase el Instituto Nacional de Cancerología ha estado dando resultados. Cuando yo como paciente he visto a tanta gente desnutrida, analfabeta, ignorante y todos son bien tratados, he encontrado una mística. La traduzco de este modo: nunca he visto que una enfermera, un camillero, un doctor a gente muy humilde le diga "oiga, retírese", al revés, he encontrado que le dicen "le vuelvo a explicar, tiene usted que cruzar el puente, tiene que ir a los laboratorios y después se le dará a usted tal o cual tratamiento". ¿A qué se debe esto, qué fue lo que ha crea-

do esto que me atrevo a decir es una mística dentro del Instituto de Cancerología?

A: Es lo propio de los Institutos de Salud. Desde su nacimiento, así nacieron todos y si uno va al Infantil de México, a Cardiología, Nutrición, es un tenor de lo que ha distinguido a los institutos desde su nacimiento. El primero fue en 1943, Cancerología nació en 1946, después de Cardiología y Nutrición. Es la tradición y esta larga trayectoria de médicos, de enfermeras, de personal de apoyo que creyó en ese compromiso y que se ha perpetuado por generaciones. Y aquí todos los que nos educamos en los institutos, nos educamos bajo ese mismo ideal. Es, en efecto, la mística, el humanismo, compromiso social y la calidad de la atención médica a los pacientes más vulnerables. Si tú con cualquiera de nosotros, si tú que eres paciente y que vives en el mundo de los pacientes lo ves, y platicas con cualquier paciente, te das cuenta que nos decimos a nosotros mismos: "Algo tengo que hacer para ayudarle", "algo, un hospital, un nuevo medicamento, recursos". Y yo creo que eso es lo que ha impulsado a los hospitales del Sector Salud para seguir adelante.

»Y esto es interminable porque aquí vienen más y más personas; entonces uno se tiene que reinventar todos los días para seguir trabajando en cómo desciframos ahí la ayuda de estos pacientes tan pobres, tan vulnerables tan ignorantes, que vienen aquí como la última esperanza. Es aquí o la muerte segura con un enorme sufrimiento físico, mental, financiero y demás. Yo creo que eso y la selección del personal que llega a los institutos año con año desde hace casi ochenta años y aquí en Cancerología, más de setenta y cinco, es que nos ha permitido perpetuar esta naturaleza y valores que tenemos los institutos. Debido al ahorcamiento presupuestal y por la demanda, porque no pueden contener Cancerología y Cardiología los infartados de toda la Ciudad de México que no tienen Seguro Social o de cancerología en el caso de todos con cáncer no asegurados de la Ciudad de México y del Estado de México, de Tlaxcala, de Hidalgo, a veces de Querétaro.

RC: *Y más lejos todavía, que los he oído...*

A: De Colima, de Veracruz, de Michoacán. Cuando ven que se complican y escuchan que hay opciones en Cancerología, emigran para acá. De alguna manera lo intenté e hice lo que pude en mi gestión como director, fue fortalecer la red de los centros estatales de cáncer, hay una red de servicios estatales. Seguro Popular fue un instrumento financiero que ayudó a desahogar un poco a Cancerología. Ahora que se colapsa, se cancela y se sustituye, el INSABI, se cancela, pues nos deja desamparados. ¿Quién nos va a ayudar? Hay una gran demanda con un recurso limitado y sin infraestructura. ¿Cuánto cuesta hacer un nuevo hospital oncológico en el Estado de México, en Yucatán, en Chihuahua? Pues, toma años y recursos financieros en lugar de despilfarrar en otros asuntos.

RC: *Esto, doctor Alejandro Mohar, todo esto que ha dicho, favorece en mucho a la medicina privada. La medicina privada y esto ha llegado a desangrar a muchas familias, a llevarlos a la bancarrota. Tengo testimonios en abundancia sobre esto, ¿por qué cree usted que las autoridades, la COFEPRIS concretamente, ha permitido todo esto?*

A: Eso ha sido desde que nació el Sistema de Salud, ahora se ha agravado porque el cáncer es una enfermedad catastrófica, en ese sentido financiera, física y mental. Y sí, algo que es un pendiente histórico en salud, es la regulación de los servicios médicos, fuera del sector salud, porque nosotros estamos ultra recontra regulados, vigilados, observados, sancionados y acotados ahora en el sector público, pero el sector privado hay poca vigilancia, poca regulación, los precios son enormes.

»Además, hay muy poca población asegurada con seguros médicos privados, en donde también no ha habido un espacio de cómo regular y apoyar esta enorme población que pudiera tener un seguro de gastos médicos, pero que al momento de llegar al hospital se le acaba, al momento, cuando cruza la puerta, que ya de entrada son 500 mil pesos para ser atendido cuando uno tiene una póliza de un millón, millón y medio y una enfermedad que cuesta tres o cuatro y que en un hospital privado se duplica ese precio, pues se queda totalmente perdido.

»Entonces si hay ahí una oportunidad y un pendiente creo de cómo se podría regular eso y también lo que intenté, y no se ha podido y hay diferentes alternativas, pues si no hay infraestructura suficiente en el sector público y hay alguna en el privado, ¿por qué no colaborar en ese sentido? En radioterapia, por ejemplo, en diagnóstico de tomografías, que si uno a veces va a un hospital del seguro social y necesito una tomografía, pues lo difieren tres meses y se requiere que la tomografía es urgente porque no sabemos si es un linfoma metastásico, si tiene una fractura, si la cadera la luxación requiere o no una prótesis, pues dicen sí, pero hay lugar en tres meses, pero enfrente de ese hospital público hay un hospital privado que el paciente a veces tiene que pagar para que le hagan la tomografía y regresar al hospital público con la tomografía ya financiada por el paciente, pero ahí lo colapsan.

»¿Por qué no esa institución hace un convenio, un acuerdo que el gobierno con esas unidades privadas las regula y permite un mejor y más rápido acceso a esas instalaciones? Porque el tiempo que toma crear esa infraestructura para el sector público, requiere mucho recurso, mucho compromiso que no ha habido en México, en cambio, ha proliferado en el sector privado.

»Mientras regulan esta infraestructura y la incrementan, ¿por qué no acotamos, regulamos, observamos y sancionamos el sector privado si se excede para hacer un acuerdo correcto y transparente que ayude tanto al hospital privado, que entendemos que tiene que generar recursos, pero al paciente y no castigar al paciente por no haber este diálogo con el privado? Finalmente el que sufre siempre es el paciente, eso lo vemos aquí todos los días.

RC: Doctor, ¿hay algo que quizás yo no le he preguntado y usted quisiera que, bajo su nombre, estuviera en el libro que estoy realizando?, ¿hay algo que haya omitido que no le haya preguntado y, sin embargo, usted quisiera que apareciera?

A: Quizás la preparación y la entrega del médico mexicano y su compromiso social que se tiene en el sector público. Gracias a eso que, con o sin recursos, se mantiene en pie de lucha. Se hace lo que se puede y nunca se baja la guardia. Así tratamos de hacer radioterapias, cirugías, quimioterapias, estudiar y analizar cada caso, y eso es gracias al compromiso social y la extraordinaria mística y talento que tienen los médicos y las enfermeras en el caso de Cancerología. Es una gran familia que trabaja en conjunto y que eso no ha sido de ahora, es desde que nació.

Dra. Diana Vilar
"Si nosotros tenemos la desinfección adecuada, la antisepsia indicada, evitamos mucho los riesgos"

¿Quién es la Dra. Diana Vilar?
Hoja de vida

- Médica adscrita al Departamento de Infectología, Instituto Nacional de Cancerología.
- Facultad de Medicina de la UNAM.
- Maestra en Epidemiología de la UNAM con mención honorífica.
- En 2006 obtuvo la especialización en Gestión de la Calidad de los Servicios de Salud por la Universidad de Murcia, España.
- Es miembro del Sistema Nacional de Investigadores desde 2005, actualmente tiene nivel II.
- Es miembro del America Society for Microbiology, del Society for Hospital Epidemiology of America.

RC: ¿Dra. dígame usted a qué se dedica en el INCAN?

DV: Yo aquí en el INCAN, estoy como médica adscrita y hago la coordinación de lo que se llama una epidemiología hospitalaria y control de infecciones. Buscamos el evitar infecciones en los pacientes dentro del hospital y proteger también al personal de salud que puede ser esto direccional, que el personal se enferme o infecte por alguna de las dolencias o infecciones de los pacientes, o el personal que por ciertas actitudes u omisiones, etc., pueda transmitir a otro paciente las infecciones.

RC: ¿Una colonización?

DV: Si, por ejemplo, el no lavarse las manos si van de un paciente otro, pueden potencialmente llegar al siguiente paciente sin lavarse las manos, podrían colonizarlo y si éste está debilitado infectarse.

RC: Dígame Dra., ¿por qué algunas personas nos enfermamos de cáncer? Sé que hay mil hipótesis, para usted, ¿cuál de esas mil hipótesis le acomoda más?, ¿por qué nos enfermamos?

DV: Pues, yo creo que como bien dijo hay mil hipótesis. Algunas están mejor establecidas que otras, voy a mi propia área de las infecciosas, pues hay gente que por ejemplo si contrae el virus del papiloma humano, tiene mucho más riesgo de tener un cáncer cervicouterino, que el que no contrajo el virus del papiloma humano, ciertos tipos, oncogénicos, por ejemplo.

»Entonces hay algunas causas infecciosas, como el Helicobacter pylori y el cáncer gástrico o el virus del papiloma humano y el cáncer cervicouterino. Hay algunas hipótesis que cada vez tienen más relevancia como son los estilos de vida, formas de vida, alimentos que consumimos, exposiciones a las que tenemos probablemente desde que somos niños y hay otras que son genéticas. En resumen, yo creo que el cáncer es un asunto multifactorial, que si bien hemos aprendido mucho, nos falta muchísimo por aprender.

RC: Sí, yo sé que es la patología más estudiada en el planeta, no dudaría que incluso, en países tan pobres como Bolivia o Haití también realizaran investigaciones, no, no lo dudo, porque pareciera ser, subrayo, pareciera ser que es una epidemia. No hay gente que entreviste que diga: "Yo no he tenido un solo familiar o conocido". Sino que, al revés, alguien dice: "Yo tengo dos, yo tengo tres personas que en mi familia o en mi colonia o en mi vecindario, que tuvieron o padecen cáncer".

DV: Creo que conforme la edad de la población mundial se ha incrementado, un factor de riesgo muy importante para el cáncer es la edad. Conforme la población ha envejecido, pues desde luego hay un aumento en las posibilidades de que estas personas tengamos cáncer.

»Y después también, creo que, con todo, la organización o la desorganización social que tenemos, la falta expedita al acceso a la salud, también ha hecho que unas personas se enfermen más de cáncer que otras. Claramente me parece que son las personas menos afortunadas; estas disparidades que hay socioeconómicas y en salud, pues al final hace que la gente más pobre por ejemplo se exponga al asbesto y eso es un claro carcinoma, que son las mismas personas que tampoco tienen acceso para llegar a los sistemas de salud y a lo mejor hacerse un escrutinio o encontrar un cáncer en una etapa muy temprana y poderlo resolver.

RC: Le haré dos preguntas con relación a esto. La primera, ¿qué pasa con los bebés, los niños, los adolescentes que tienen leucemia?, esto de tener cáncer en la sangre resulta particularmente doloroso, agraviante, perturbador. Y dos, relacionado con el acceso a los sistemas de salud, esta administración pública primero ha eliminado lo que era el Seguro Popular que daba servicio a casi cincuenta millones de seres de lo más desprotegidos, vino el INSABI, que se ha sido un fracaso, y ahora lo que resta de todo esto se ha enviado al, al Seguro Social.

DV: Al IMSS bienestar, ni siquiera lo entendemos bien nosotros los médicos.

RC: ¿Por qué los recién nacidos, los bebés, los niños, incluso los adolescentes, que no han tenido este acceso a otras perturbaciones, tienen cáncer?

DV: Esa es una pregunta que no está resuelta, hay también múltiples explicaciones que pueden ser tanto endógenas de tipo genético, o sea de irrupciones que hay en la secuencia del genoma que hacen que tengan esto. Desde luego hay algunas exposiciones, inclusive se empieza a hablar, ya que si exposiciones in útero de la mamá puedan llegar a incrementar el riesgo de estas cosas. Exposiciones a pesticidas, a ciertos mecanismos fisicoquímicos, es cierto eso se han asociado a un incremento a un riesgo más elevado de que desarrollen cáncer. Pero yo creo que la pregunta fundamental de "por qué" seguimos sin conocerla. Hay toda una teoría biológica, molecular, de proliferación, replicación, la genética, etc., pero siguen siendo teorías. Ahora, dentro de todo lo perturbador que puede ser una leucemia o un cáncer en niño, pues también es cierto que hay muchos de estos niños y adolescentes que actualmente, con los recursos adecuados y el tratamiento oportuno se curan.

RC: Es decir, está condicionado a que exista esto que usted dice, el tratamiento adecuado, la atención médica. ¿Qué pasa con los millones de seres humanos en el planeta y concretamente en México, que hoy por las condiciones que hemos hablado no lo tienen?

DV: Pues es terrorífico…

RC: ¿Potencialmente están condenados a muerte?

DV: Sí, sí, o a una calidad de vida muy inferior a la que podrían tener en una situación diferente. O sea, no podemos achacar todo a un Sistema de Salud, porque hay muchas bases biológicas del cáncer que no son comprensibles y aún con los mejores tratamientos y en las mejores condiciones no se van a poder resolver. Pero, también es cierto que hay un porcentaje de estos problemas que con buenos accesos a los sistemas de salud y con coberturas de los medicamentos que se necesitan, con la calidad de los medicamentos que se necesitan, que haya especialistas donde deben estar ponen en una condición totalmente diferente a estos niños o a estas personas enfermas y como ejemplo, no solo es el cáncer, puede haber muchas otras patologías de las que podríamos hablar. En niños, por ejemplo, las cardiopatías congénitas.

RC: Entiendo, ¿cuál es el cáncer más agresivo Dra.?

DV: Yo creo que está entre el cáncer de páncreas, el melanoma no tiene palabra de honor y el pulmón sigue ocasionando muchas muertes a pesar de los avances muy importantes que hay.

RC: La hipertensión, la herencia, el sedentarismo, la diabetes, ¿contribuyen de manera significativa?

DV: Yo pienso que sí, cada vez tenemos más información que todo esto va produciendo lo que llamamos el estilo de vida que es un factor importante que condiciona muchas, muchas de estas patologías, o si no condiciona coadyuva a que se presenten y eventualmente puedan tener desenlaces nada buenos.

»Hay algunos cánceres donde se asocia algunos elementos como obesidad, cáncer de endometrio, cáncer de mama y peores pronósticos que tienen patologías crónicas como diabetes, por ejemplo. No es lo mismo llegar a un cáncer en muy buenas condiciones generales, bien nutrido, sin ninguna otra comorbilidad, que llegar a tener un cáncer por ejemplo con una diabetes descontrolada. Eso lo vuelve más difícil.

RC: *De las lecturas que he hecho, el factor hereditario ha ido disminuyendo, creo que hoy sobre el 100 % de las distintas posibilidades de cáncer, la herencia ocupa el 7 %.*

DV: Así es.

RC: *Lo hereditario se ha reducido mucho. No obstante esto, si yo fuese nuevo para entrar aquí al Instituto Nacional de Cancerología en México, entre otras cosas, me piden si mi padre, si mi madre, si mi abuela, si mi hermano, si mi tío, han tenido cáncer. ¿Por qué se sigue insistiendo en esto Dra.?*

DV: Porque el factor genético cuando está presente es sumamente potente, yo conozco que hay aquí una familia, de hecho, es alguien que trabaja en el hospital, no me acuerdo si por el lado de la madre o el padre, cáncer de colon, son tres o cuatro hijos, y al menos dos tienen cáncer.

RC: *¿Y qué edades tienen?*

DV: Son jóvenes, empezaron a los treinta y tantos, cuarenta. Este es el factor genético que cuando está presente es tremendo.

RC: Dra. pareciera ser que el cáncer de colon que tiene que ver mucho con la edad. Pero es difícil que un joven de diecisiete años o un joven de veinticinco o treinta, tenga cáncer de colon. ¿Cómo es que se puede dar?

DV: Ya hay muchísima gente estudiando todo esto, aquí es donde entran muchos otros factores, como pueden ser dieta, estilo de vida, sedentarismo, etc. Y la otra que estamos aprendiendo es todo el estado del microbioma intestinal. El colon está poblado por millones de bacterias, bueno de microbios. De hecho, nosotros tenemos más microbios que células, si lo comparamos, si lo pesáramos.

»Parece que muchas de estas exposiciones que ni siquiera conocemos, de lo que comemos; por ejemplo se habla mucho de los microplásticos, la comida procesada, ultraprocesada se está volviendo un problema muy serio, y, por otra parte, hemos satanizado como ejemplo al puerco, no comas puerco, y el puerco se ha comido durante siglos. Pero entonces es mejor ir a comer una barra de algo, ultraprocesada, que tiene del peor azúcar que existe, etc., no eso no resuelve el problema, lo complica.

»Y después yo creo que estamos exponiéndonos a muchas cosas contaminantes que no tenemos la menor idea de lo que nos están ocasionando. El estudio de factores ambientales, de tipo de dieta, estilo de vida, nos permite conocer cómo interactúan, a nivel del microbioma, las propias células. Y eso parece que puede ser un detonador en algún momento para que haya un cáncer.

»Ahora, ¿por qué unos sí y otros no? Bueno esto yo creo que depende, ya que de muchos factores, pues la edad, la taza de reparación celular. Toda la teoría de los radicales libres. y la edad se vuelven un factor de riesgo para muchos cánceres, cáncer de colon. Ahora lo vemos, ¿por qué a los treinta y cinco, por qué a los cuarenta?, digo aquí es horrible ver gente muy joven, por ejemplo, con cáncer de recto, bueno, ¿qué está pasando?

RC: El Dr. Alison señala que en esta replicación lo que ocurre es que se rompe la armonía, él utiliza este término, romper la armonía. Lo cual significa que, de repente, insospechadamente hay una célula que se dispara y que al mismo tiempo atrae a otras, a esa condición de dispararse, algunos médicos lo señalan como la "búsqueda de la inmortalidad", lo cual a mí me parece un absurdo porque si la célula tiene éxito llega a hacer perecer el cuerpo donde vive; entonces buscaría el suicidio más que la inmortalidad.

»Bueno esto es coloquialmente, pero ya que tocamos este punto el Dr. Alison tiene un gran descubrimiento. El hecho de que la célula cancerígena o cancerosa tiene una membrana; esta membrana, esta película impide que los leucocitos T, puedan llegar y esto incluye también a todo lo que son los fármacos, no pueden llegar porque están protegidos. Esto parece algo de ciencia ficción, porque es una célula que es prácticamente impermeable a muchísimos efectos de nuestro propio sistema inmunológico. De ahí la idea de la inmunoterapia donde hay que abrir la célula para que entren los leucocitos T, y también las medicinas. Aquí en el INCAN particularmente, ¿qué tan avanzados estamos en todo lo que es la inmunoterapia?

DV: Bueno, justo ahora estoy empezando un proyecto que tangencialmente tiene que ver con la inmunoterapia como razón o fuente y un poco como consecuencia; yo trabajo mucho con vacunas que es una área para mí de mucho interés, y actualmente tenemos una vacuna de herpes zóster; es una vacuna relativamente nueva, tuvimos una vacuna durante años que era bastante mala, pero esta vacuna el cómo está hecha, contiene una cosa que se le llama un adyuvante que potencia la respuesta a la vacuna y la respuesta celular.

»De hecho, es muy interesante cómo funciona esta vacuna. Y ahora hay interés justamente por saber qué pasa con las personas que están con inmunoterapia, porque hay algunos pacientes con inmunoterapia que la combinación de medicamentos puede hacer que se vuelvan por ejemplo más sensibles a lo que son efectos autoinmunes. Y, por otro lado, también pueden reaccionar por el tipo de mecanismos de acción de algunos de estos medicamentos. Pueden tener más riesgos de algunas infecciones, por ejemplo el herpes. Justamente por eso queremos intentar explicar o entender mejor, al menos entender, cómo funciona la vacuna del herpes zóster en la que recibe inmunoterapia.

»Necesitamos asegurarnos que es segura para estos pacientes. Sí, ya tenemos inmunoterapia, y cada día tenemos más, pero también es cierto que vamos algunos pasos atrás en comparación con otros sitios, y es que no tenemos disponibilidad de moléculas que no han llegado a México o están en proceso de aprobación. Y otras que, pues bueno en este sistema no se consideran como prioritarias, necesarias o como se tengan que poner y no son adquiridas. Tenemos limitado el uso de la inmunoterapia y bueno, también hay que decir que la inmunoterapia no es barata y algunas de las moléculas son extraordinariamente caras. Es muy interesante, el principio es interesantísimo.

RC: ¿Quiere decir esto, de acuerdo con lo que usted me dijo, que la Secretaría de Salud y el Gobierno federal no disponen de interés especial para dar crecimiento y desarrollo a lo que es el tratamiento de inmunoterapia?

DV: Yo no puedo contestar esto porque hay muchas cosas que yo desconozco. En todos los sistemas de salud pública las decisiones se tienen que tomar de acuerdo a una balanza literal, dónde invierto y dónde no invierto. Traer determinado medicamento o tomar determinada acción me cuesta mucho dinero y el beneficio es para muy poquitos y a lo mejor si tomo la opción B, en donde voy a invertir la misma cantidad de dinero beneficio a muchos, entonces yo no le vería como blanco o negro. En un sistema ideal de salud, pongamos el famoso ejemplo de salud de Dinamarca, pues yo creo que una, para mí el acceso a la salud tendría que ser en todo el mundo universal…

RC: Así es.

DV: Y recibir lo que me corresponde. O sea, yo por ejemplo si considero que estamos abusando de algunas cosas porque están disponibles…

RC: ¿Cómo cuáles?

DV: Usar pruebas, pruebas de diagnóstico, pruebas de escrutinio. Entonces que se está cada vez estudiando y publicando más. De repente, y aquí nos pasa, piden y piden y piden y piden pruebas de sangre, por ejemplo, pero si le tomaste ayer y le tomaste antier y le tomaste hace tres días, ¿para qué quieres otra prueba de sangre?

RC: *De los tratamientos básicos o conocidos, como es la cirugía, como es la radiación, finalmente la quimio, ¿cuáles son las que con mayor frecuencia se infectan?*

DV: A ver, aquí depende también de muchas cosas porque, por ejemplo, los pacientes que tienen neoplasias hematológicas, como leucemias, algunos linfomas, mielomas, esos son los pacientes en general más susceptibles. Porque por el tipo de enfermedad y tratamiento que se les da quedan, con mucha frecuencia, muy inmunosuprimidos, entonces es muy fácil que se infecten, no una, varias veces. Después en el hospital si tenemos un problema de infección quirúrgica, es una infección frecuente, dentro de las complicaciones postoperatorias a nivel mundial la infección quirúrgica es una de las más frecuentes, sí tenemos, pero son poquísimas. Las que hemos tenido, se cuentan y eso no ocurre en todos los lugares. Yo creo que hay muchas infecciones en muchos lugares que ni se cuentan ni se encuentran ni se tratan adecuadamente, pero eso es otro tema. Y la otra, es que en este hospital se realiza cirugía de alta complejidad y aunque hay un porcentaje muy alto de infecciones prevenibles a través de buenos procesos de prevención, técnica quirúrgica adecuada, hay un porcentaje muy bajo que es inevitable.

RC: *¿Qué puede hacer el enfermo para evitar su propia infección?*

DV: Esa es una pregunta muy interesante. Uno debe, asegurarse que quien lo va a operar es una persona técnicamente capacitada, porque desafortunadamente fuera de estas paredes, hay gente que no tiene la capacidad técnica y la competencia adecuada para la resolución de los problemas. La otra es que, hay una serie de procesos que son muy sencillos, que si se siguen, disminuimos en mucho el riesgo de infección, ejemplo: lavado de manos y que cada que alguien va y ve y que toca al enfermo se lave las manos ya sea con agua y jabón o alcohol.

RC: Antes de tocarlo

DV: Antes, después y si va a tomar una muestra, etc. La otra cosa es garantizar que haya los insumos adecuados en un hospital, por ejemplo, todos los antisépticos para la preparación de la piel, hay que recordar que, en la piel, nosotros tenemos también muchas bacterias y que una de las fuentes de infección puede ser la propia piel, cuando se hace el corte. Entonces, si nosotros tenemos la desinfección adecuada, la antisepsia adecuada, perdón, evitamos o disminuimos en mucho el riesgo. Otra es que todo el proceso de esterilización, de cuidado, etc., sea completo y adecuado. Esas son cosas que tienen que estar hasta certificadas.

RC: ¿Cuántos años lleva usted aquí?

DV: Treinta

RC: Treinta

DV: Empecé muy chiquitina

RC: Dígame, ¿qué es lo que usted considera que yo no le he preguntado y que usted quisiera que estuviera bajo su nombre?

DV: Ser médico para mí es un privilegio, un privilegio y una enorme responsabilidad. Trabajar en un hospital de cáncer es duro. Pero el poder acompañar al paciente es lo mejor que tiene este hospital. En esa dureza puede haber tanta humildad, tanta solidaridad, tanta energía, tanto deseo y esto puede servir. Salir adelante, es una sensación muy particular. Es una de las cosas que creo que son más privilegiadas en la relación médico paciente, el que un enfermo deposite su confianza: un enfermo tan afligido, como puede ser un enfermo con cáncer y la esperanza para poder caminar y salir adelante es algo que es muy difícil poderlo poner en palabras.

»Para mí, algo que ha sido tremendamente satisfactorio en este hospital, más allá de esta parte de los pacientes, es que, o sea, yo no soy oncóloga, pero sí creo que mi trabajo y que lo que yo me he dedicado, pues a investigar, a procurar, a ser más exigente. mejora los desenlaces de los pacientes. Porque podemos tener un excelente cirujano, cirujana, o tener la mejor quimioterapia del mundo. Pero si nosotros no podemos prevenir consecuencias como las infecciones que son extraordinariamente frecuentes en pacientes oncológicos, todo este esfuerzo lo podemos echar a tierra. A lo mejor, o sea, a lo mejor el paciente es potencialmente curable y se puede curar, pero si yo no cuido ciertas cosas le puedo negar calidad de vida a ese paciente.

»Para mí el haber coadyuvado a disminuir las complicaciones del paciente oncológico es uno de los grandes, de mis grandes satisfacciones. Y algo que a mí me ha sido también muy satisfactorio como persona, es que creo fehacientemente en la ciencia, pero el poder llevar la ciencia a la cama, a que el paciente la toque, la use, la sienta es algo fundamental. Y eso yo lo probé en algún momento. Yo lideré, junto con otra doctora, la respuesta COVID en el hospital. Fueron años terriblemente duros, creo que hoy empezamos como a digerir y a poder hablar de algunas de estas cosas. Cuando empezó COVID, realmente pensaron que los pacientes con cáncer se iban a morir, todos, veíamos venir una tragedia.

RC: ¿Ya no se seguirían sus tratamientos?

DV: Este hospital al principio fue duramente criticado porque nosotros fuimos un Instituto híbrido. A un paciente con cáncer no se le puede dejar a la deriva y decirle, como hay COVID ahora espere a que el cáncer lo podamos tratar. Tuvimos que hacer una reorganización hospitalaria completa, pero en el hospital nunca se dejó de atender al paciente con cáncer. Desde luego, hubo retrasos, tuvimos que modificar muchas cosas porque no dejaban de llegar pacientes. Pero demostramos como cuando se sabe manejar el cáncer y se tiene especialistas, que bueno nos fuimos haciendo en el camino, porque al principio tampoco sabíamos nada, nada de COVID. Esto se puede manejar concomitantemente, tener buenas políticas de prevención, cuidar a los propios trabajadores, o sea, yo de repente me descubrí agotada.

»Yo me siento muy afortunada, en este hospital se congelaron, las vacunas de Pfizer que llegaron a México, una porción muy grande estuvieron congeladas, ultra congeladas aquí atrás. Y para mí fue entre un susto y una emoción inmensa ser una de las primeras personas en México, que tuvo una ampolleta en su mano. Porque, no sabíamos nada, estábamos asustados, asustadísimos, pero el que llegaran aquí las primeras vacunas, tuviéramos que dar el proceso, verlas porque depositamos una gran esperanza en eso.

»Acaba de salir un trabajo que publicamos, que es sobre COVID entre los trabajadores de la salud y el impacto de la vacunación es brutal. Entonces esa, es algo que creo que resume lo que yo he hecho y lo que a mí me gusta hacer. Ciencia, al servicio de las personas.

RC: *Entiendo bien, de aquí se deriva lo siguiente, yo creí que era la última pregunta, pero añado esto. He visto en los distintos tiempos que he sido paciente, en el 19 y ahora en el 23. He visto que doctores, enfermeras, camilleros, etc., tienen una empatía muy importante con la gente. Sobre todo con gente humilde, ignorante, que difícilmente sabe leer y escribir. Les explican una y otra vez cómo dirigirse de gastroenterología, dónde tomar el ascensor, cómo seguir la flecha, las huellas si, llegar aquí a estudios, dónde dirigirse y cómo hacerlo. Y lo explican dos, tres veces a la misma persona, al punto de decir repítamelo. No he visto un mal gesto, no he visto en toda la experiencia que he tenido como paciente el mal trato o el hartazgo para explicar. He visto la sonrisa en gente que al aceptar este conocimiento de cómo llegar a tal sitio, la orientación de dónde se ubica, los he visto sonreír. Y de esto que yo considero es una especie de mística en este hospital.*

»Paso a lo segundo que me importa también de manera significativa. He visto gente que cuando llega y está sola, se nota esa soledad. Generalmente se pide que vayan con un acompañante, pero hay ocasiones en que no van con un acompañante y cuando yo empiezo a hablar con ellos, hablan de la soledad. Y esto pareciera ser que va en contra de su propio tratamiento. Quien al contrario, gente que, como yo, ha tenido el apoyo de la familia, de los hijos, de los nietos, de la esposa, de los amigos, de los vecinos, es muy distinto porque uno se siente protegido, se siente apoyado y hay esperanza de salir delante. ¿Cuándo usted habla de que cree en la ciencia, también cree en esta potencialidad que da el

conocimiento, que da el apoyo, que da la identificación con el enfermo por parte de quienes le rodean?

DV: Por supuesto, y voy a sacar algo que ayer encontré de William Osler que fue uno de los grandes clínicos y educadores de hace muchos años, que dice: "La medicina es la ciencia de la incertidumbre y el arte de la probabilidad".

RC: La repite usted, por favor.

DV: Sí, dice "la medicina es la ciencia de la incertidumbre y el arte de la probabilidad", *The art of probability* de William Osler.

RC: Se lo agradezco mucho doctora.

DV: Desafortunadamente hay gente, médicos o personal de salud que esto se les olvida. Yo creo que, y no nos podemos olvidar nunca de esto, primero tenemos que ser buenos seres humanos, después tenemos que ser investigadores, científicos, etc. Para mí no puede haber un buen médico, un buen investigador, aunque esté rebasado en todo y si tengo que dar tres pláticas, "pues me debo esforzar".

RC: Es fundamental.

DV: Es fundamental. Entonces, puede haber mucha ciencia, pero si no hay una parte personal, social, etc., que hagan que funcionen estas cosas, probablemente nunca vamos a llegar a donde queremos llegar.

RC: Me alegra mucho conocerla y le agradezco mucho.

DV: Me hizo preguntas muy difíciles.

Dr. Fernando Gabilondo
"Los hospitales de alta especialidad estamos en una situación muy grave"

¿Quién es el Dr. Fernando Gabilondo Navarro?
Hoja de vida

- Es experto en Laparoscopia Urológica, Oncología Urológica, Endourología, Andropáusia y cuenta con más de treinta y ocho años de experiencia en instituciones de prestigio como el Instituto Nacional de Ciencias Médicas y Nutrición Salvador Zubiran.
- En la UNAM se recibió con Mención Honorífica.
- En el 2010 recibió la medalla por 40 años de servicio en el instituto.
- Entre 1991 y 2006 las medallas y diplomas de 20 y 25 años como profesor titular del Curso de Posgrado y Especialidad de Urología de la UNAM.

- El reconocimiento al Mérito Universitario por su labor Académica.
- Presidente del Consejo Nacional de Urología
- El Dr. Gabilondo Navarro es reconocido como uno de los mejores doctores especialistas en Urología de México y de la Zona Iberoamericana.

RC: Usted fue director general del Instituto nacional de Ciencias Médicas Salvador Zubirán del 14 de junio 2002 al 17 de junio del 2012, ahora que lo entrevisto aquí en el Instituto de Nutrición, ¿a qué se dedica?

FC: Bueno, sigo ejerciendo la urología y en el Instituto llevo trabajando cincuenta y tres años, sigo dando consulta, sigo en las clases con mis alumnos, soy profesor universitario de posgrado, soy profesor titular, y eso no lo he querido abandonar precisamente porque mi relación con los residentes que están aquí es muy buena y esto me permite, entre muchas cosas, estar actualizado en la profesión.

RC: Este es un instituto de atención médica de tercer nivel que en no pocos momentos ha sido considerado la joya de la corona, ya que existen trece grandes institutos de salud. ¿Qué ha ocurrido, doctor Gabilondo, ahora en este sexenio donde los presupuestos de salud son cada vez menores?, ¿qué repercusiones ha tenido en el Instituto Nacional de Nutrición?

FG: La repercusión económica es una parte de este problema. Ahora en el último de los presupuestos nos redujeron el 55 %. Entonces, si ya estaba agravada la situación, ahora va a estar mucho peor, pero no nada más es esto, sino la injerencia del coordinador de institutos que tienen las instituciones, desde poner gente como el director administrativo hasta poner médicos y dar órdenes internas cosa que no le corresponde. Entonces estamos en una situación grave porque ya se adjudicaron los hospitales de alta especialidad.

»Como usted sabe, había varios hospitales de alta especialidad en el Bajío, en Ciudad Victoria, en Oaxaca, en Chiapas, en Mérida y los van a adjudicar a IMSS Bienestar. Ese es el primer paso que quieren dar y no sabemos si el segundo es también adjudicarse los Institutos a IMSS Bienestar. Lo cual uno u otro ya es un desastre, porque hospitales que estaban funcionando razonablemente bien, con todas las capacidades desde el punto de vista técnico-humano, si las toma el IMSS Bienestar van a ser un desastre. Ya tomó ese paso y esto acaba de suceder y le voy a decir, hay varios hospitales que eran aún privados. O sea, hubo capital privado que invirtió en estos hospitales y que tenían contratos a veinte y veinticinco años que no respetaron, así que esa es una adjudicación grave y como todo, hay que esperar que van a hacer con los Institutos.

RC: Tengo entendido por declaraciones gubernamentales que el IMSS Bienestar, de alguna manera, ha fracasado, no lo digo yo, lo dicen los propios encargados de hacer que este Instituto o como se llame, ha fracasado no ha tenido el éxito que esperaban. ¿Cómo se pueden hacer este tipo de adjudicaciones?

FG: Bueno, primero como lo que está pasando en todo este sexenio es que no hay planeación de ninguna manera. Entonces no hay planeación, las gentes que ponen a la cabeza de estas instituciones no tienen experiencia. Ha habido muchísima corrupción, tanto que todo el dinero que había de reserva se acabó y no sabemos a dónde quedó.

Esta reserva la habían hecho durante muchos años los expresidentes y se acabaron esa reserva, supuestamente iban a invertir en parte en medicinas lo cual no hicieron. Entonces, IMSS Bienestar no puede funcionar porque va a ser igual que el INSABI, IMSS Bienestar es lo que antes era el Coplamar, y ahora quién sabe lo que harán. Atendían alrededor de 14 millones de gentes rurales, o sea que no tienen hospitales, no tienen médicos suficientes y entonces ahora con la adjudicación de los hospitales de alta especialidad quieren hacer eso. No tienen ninguna planeación.

RC: Doctor Gabilondo, este Instituto Salvador Zubirán, Instituto Nacional de Especialidades Médicas y, concretamente, en Nutrición ha sido considerado por segundo año consecutivo como uno de los mejores hospitales de especialidades del América Latina, 2022 y 2023, usted dice se da la posibilidad nefasta de que deje de ser uno de los mejores hospitales, ya no de América Hispánica, sino de México que es lo que nos pudiera interesar en este momento. ¿Es esto un acto deliberado? ¿Es la incompetencia? ¿Es el desconocimiento? ¿Es la falta de interés? ¿Es que no está dentro de las prioridades gubernamentales el que la salud sea un asunto de interés público número uno?

FG: No, no lo han demostrado en múltiples ocasiones que la salud no les interesa, la salud de los mexicanos. El habernos convertido en un hospital COVID hace más de dos años fue una verdadera catástrofe con todos los pacientes que dejamos de ver. Siendo un hospital de tercer nivel, ¿en dónde iban a ver a los pacientes que habíamos trasplantado el hígado, el riñón, que habíamos tratado de cáncer o que estaban en el proceso de tratamiento de cáncer? No tuvieron lugar a donde ir. Una gran cantidad se ha muerto, otros que tenían cáncer que se pudieron haber curado, el cáncer avanzó. Entonces el habernos convertido en COVID, por principio, fue un atentado contra los pacientes regulares que tenía esta institución.

»Para que se dé una idea, nosotros vemos 350 mil pacientes por año, hacíamos cerca de 3 millones 300 mil estudios de laboratorio, más de 80 mil estudios de rayos X, 7 mil cirugías al año y todo eso se acabó de un día para otro. ¿Qué hicieron esa gran cantidad de pacientes? Entonces ahí empezó con el deterioro porque estando más de dos años exclusivamente inmersos en el COVID, que además no teníamos la capacidad, tuvimos que rechazar un gran número de pacientes que se fueron a su casa y seguramente se murieron de COVID. Somos un hospital relativamente pequeño, entonces, además de no resolver la parte de COVID, lo que sí fue es que deterioramos la salud de miles de pacientes institucionales.

RC: Está usted hablando en términos concretos de un cierto tipo de criminalidad, porque no encuentro, no es que sea un adjetivo, no encuentro la manera de describir lo que usted puntualmente ha señalado. Esto quedará inscrito en los libros de historia, pero en los momentos actuales, dígame doctor Gabilondo, ¿cuál es la relación que tiene el cáncer, que usted ahora describió, con la nutrición?, ¿cuál es la relación de cáncer con la alimentación?

FG: Bueno, está comprobado que hay ciertos alimentos que tienen cierta posibilidad de desarrollar cáncer. Así como sabemos perfectamente que el tabaco y algunas substancias son proclives a desarrollar cáncer en las personas, también hay un grupo de alimentos que se han relacionado con la posibilidad de desarrollar cáncer; por ejemplo, se ha dicho mucho que las grasas, sobre todo grasas saturadas, que las carnes rojas, que productos que tienen de origen animal son más proclives a esto, pero también las plantas; porque en las plantas, en algunos lugares, se fumiga con cosas que son cancerígenas, y eso está comprobado. Y eso nos lo comemos o lo que inyectan en los animales de hormonas o el tipo de cosas que hacen.

»Entonces sí, la alimentación puede tener un impacto en el desarrollo de cáncer, pero la falta de alimentación también. O sea, la gente que tiene desnutrición, obviamente que es más proclive a desarrollar cáncer porque no tiene los elementos energéticos para combatir las células malignas, por decirlo. El sistema inmunológico necesariamente se deteriora y, no nada más es en la alimentación, también es en la parte psíquica de la gente. Es multifactorial el desarrollo de cáncer, desde genético, ambiental, alimenticio.

RC: Una vez que la gente sabe que está enferma de cáncer ¿qué debe de saber?

FG: Pues primero que le digan cuál es la evolución y cuál es el problema que va a dar, qué es lo que va a sentir y cómo va a ser el proceso. Desde el proceso diagnóstico hasta el proceso de tratamiento y el pronóstico, que eso es muy importante. Todos esos factores hay que decírselos a los pacientes. Le voy a decir que es curioso, pero hay gente que no quiere saber qué le está pasando. Son como los avestruces que meten la cabeza. Siendo importante, porque está comprobado, que la parte psíquica es un centro importantísimo.

»Hace muchos años se hizo un estudio de mujeres con

cáncer de mama y pusieron en un grupo de ayuda, muy parecido a lo que podría ser Alcohólicos Anónimos, en donde en autoayuda estuvo un grupo de mujeres y en el otro sin esta autoayuda. La gente que tuvo autoayuda hubo ocasiones en que vivió lo doble que la gente que no tuvo ayuda, entonces, indudablemente que la parte psíquica es una parte fundamental.

RC: El enfermo de cáncer ¿debiera tener una ayuda psiquiátrica?, ¿debiera tener estímulos de un orden vinculado a la familia, a la amistad, vinculado a un proyecto? En suma, lo contrario de la soledad, lo contrario de aquellas personas que tienen frustración y tienen incapacidad, como usted señaló, como los avestruces de no querer saber.

FG: Sí claro, pero no necesariamente tenemos que llegar a la psiquiatría o a la psicología, esto sencillamente puede ser grupal, de un ambiente familiar que sea propicio para sustentar las angustias y los procesos que pasan de depresión los pacientes con cáncer o los amigos, entre otras cosas. Sí debería haber agrupaciones en ciertos tipos de cáncer, de esto de autoayuda, en donde un grupo de mujeres u hombres se reúnan regularmente a platicarse lo que les está pasando y esto es muy saludable en todos sentidos. Y por eso se llama autoayuda, se ayudan entre ellos a solventar la parte que tienen, que tienen dolor o algún problema, así que este tipo de organizaciones creo que son muy importantes.

RC: ¿Se puede prevenir el cáncer?

FG: En algunas casos sí, por ejemplo, la gente que fuma se puede prevenir: no fumar o la gente que toma en exceso está relacionado con el cáncer de páncreas, el tabaquismo está relacionado con casi doce enfermedades urológicas, desde el cáncer de vejiga, de riñón, de próstata. El alcoholismo también, hablo alcoholismo no el que se tome una copa, el alcoholismo también se relaciona con este problema. Así que sí, hay cosas fundamentales que se pueden evitar. Otra recomendación es el ejercicio, el ejercicio es un preventivo de muchísimas cosas, entre ellas del cáncer.

RC: Doctor, ¿por qué el cáncer localizado en alguna parte del cuerpo puede extenderse a otros tejidos para hacer lo que se llama clínicamente metástasis?

FG: Sí, se ha comprobado que donde se tenga el cáncer hay células circulando, ahora somos capaces de detectar células en el torrente sanguíneo cancerígenas que, por alguna razón, no se implantan y otras sí se implantan. No sabemos por qué sucede esto, por eso cuando uno le dice a la gente su cáncer está controlado, ¿pero estoy curado? Difícil de responder. La curación implica que estamos absolutamente seguros que esas células circulantes no siguen así, se sabe que estas células por alguna razón se implantan en algunos órganos, no sabemos tampoco por qué, y por qué en un tipo de órgano también.

RC: ¿Quiere decir esto doctor Gabilondo, que cuando algún paciente de cáncer le dicen que está curado, que está sano, puede ocurrir que sigan existiendo células cancerígenas que desemboquen en el torrente sanguíneo?

FG: Sí, es posible. Yo he tenido casos, pacientes que tuvieron un cáncer renal hace veinte años, caso que vimos aquí en el instituto, y después de veinte años tenía metástasis en el hueso sacro, veinte años después. Lo que no sabemos es si se quedaron células o volvió a adquirir un nuevo cáncer, pero el cáncer fue de células renales nuevamente.

RC: ¿Considera usted que el cáncer es una célula fuerte que de alguna manera es totalmente distinta de las demás?

FG: Sí, la célula con cáncer es una célula que se replica en forma desordenada y que los controles para que esto suceda no existen, esto está comprobado hay genes que pueden parar esta replicación de la célula y que esto está comprobado, pero hay otros tipos de cánceres que van modificando las células de acuerdo al medio ambiente, entonces es lo que es la mutación. Así como vimos que en el COVID hubo una gran cantidad de cambios en el virus, las células malignas también pueden estar cambiando sus códigos y eso en ocasiones hace que el cáncer sea resistente a la quimioterapia, a la radio o que la cirugía no haya sido suficiente.

RC: La enfermedad genérica del cáncer, porque tengo entendido que hay más de seiscientos tipos de cáncer, es el fenómeno más estudiado en el mundo, me refiero al mundo occidental, no estoy hablando del mundo oriental con otro tipo de situaciones, de consideraciones y de herramientas. El hecho de que sea lo más estudiado no se ha logrado todavía saber, aunque es multifactorial, ¿por qué se da el cáncer en determinados casos? Por ejemplo, la leucemia en niños recién nacidos o que tienen meses o que tienen muy pocos años y que no han sido todavía expuestos ni a la carne roja, ni a las grasas, ni a algunos otros contaminantes de este orden. Así en países nórdicos donde pudiéramos pensar que la alimentación es muy sana, sin embargo, en estos pequeños se da este tipo de cáncer, ¿a qué se

debe, doctor?

FG: Bueno tampoco se sabe por qué en el útero también están expuestos al medio ambiente. Ahora se sabe muy bien que la gente que fuma, mujeres que fuman durante el embarazo producen daño en el producto o la gente que es alcohólica o drogadicta, todo eso repercute en el útero. Hay cosas tan interesantes que, el oír música simplemente, especialmente Mozart, se sabe que produce estímulos en el feto. Hay una serie de medio ambiente alrededor de la mujer embarazada que obviamente que los contaminantes y muchas cosas pasan la barrera placentaria y puede afectar al producto. Los virus no están exentos.

RC: Cuando habla usted de Mozart, ¿estamos hablando de efectos benéficos?

FG: Sí, totalmente

RC: Y al escuchar una música de hot pop o de estas ruidosas que ignoro cuál es la clasificación, ¿también pudiera tener efectos negativos?

FG: No sé, en mí sí. En el resto de la gente, a los jóvenes se ve que no les, o sí, les trastorna. Porque los cambios que hemos visto en los jóvenes actualmente no podemos despreciar que estén muy ligados a la música que oyen. Una música estridente, una música que no permite que la gente se comunique, que le cimbre el cuerpo en los bajos cuando están en la máxima intensidad. ¿quién sabe qué repercusiones tengan sobre toda la parte cerebral? Así que, yo creo que la música como otras cosas ambientales, pero la música se ha estudiado muchísimo en pacientes, le voy a dar una cosa que es interesante. Se hizo hace muchos años un estudio en pacientes que estaban en terapia intensiva y fue un tipo que tocaba el arpa y les tocaba el arpa y se vio que tenían un gran beneficio los pacientes que estaban en terapia intensiva intubados. En alguna época yo traté de hacerlo aquí en Nutrición cuando fui director y me puse a estudiar y, en efecto, tienen efectos en pacientes que están aparentemente inconscientes. Ese es otro factor que puede ser benéfico.

RC: ¿Por qué los niños mexicanos han llegado a obtener, si se me permite hablarlo coloquialmente, el campeonato del sobrepeso? Comparativamente con niños de otras partes del mundo, ¿a qué se debe el que tengamos una alimentación de esta naturaleza?

FG: Bueno aquí en México tenemos dos grandes problemas que son obesidad y desnutrición. Algo más grave que eso no hay. Y estos son los niños, obviamente, que comen comida chatarra. Y ¿cuál es la causa? La educación. No hay en las escuelas una educación alimentaria suficiente, los niños ya no hacen ejercicio, esa es otra causante más. Todos los equipos electrónicos donde los niños ya no salen a jugar, sino están sentados, la vida sedentaria en los niños, pero sobre todo la cantidad de comida chatarra que venden en las escuelas. O sea, hubo una época en que, en conjunto con la Secretaría de Salud, nosotros tratamos de modificar las tiendas escolares y sabe cuál es el problema. Que las manejan o los padres de familia o los maestros. Y cómo es un negocio no les interesa la salud, por los usos y costumbres que tenemos, por eso el sobrepeso y obesidad somos de los primeros en el mundo.

»Ahora, el impacto que va a tener va a ser tremendo, porque ahora estamos viendo diabéticos, no juveniles, estamos viendo diabéticos tipo 2, que se manifestaban después de los cuarenta o sesenta años, ahora en gente de veinte años. Y estamos viendo problemas cardiovasculares mucho más antes que en otros tiempos. Entonces, indudablemente, que este es un problema muy serio. La Secretaría de Educación especialmente y la Secretaría de Salud se deberían de encargar de hacer cursos para los padres de familia, porque esa es otra parte importante, nosotros tratamos de hacer cursos en las mamás que son las que alimentan a los niños; para que les hicieran el *lunch* de mediodía de frutas, de verduras, pero en fin, entre la propaganda que tenemos en televisión, radio, de toda la comida chatarra, pues eso ha hecho que estos niños padezcan diversos problemas; bueno, somos el primer consumidor de refrescos en el mundo. Eso es lo peor que se le puede hacer a un niño, los refrescos. Ahí tenemos un problema muy serio que se va a ir agravando cada vez más y con instituciones de salud tan deficientes que tenemos, pues el problema va a ser crítico.

RC: Doctor Gabilondo, el círculo de institutos de salud que se encuentran en el sur de la Ciudad de México, están prácticamente rodeados de pequeños establecimientos o puestos donde se expende la comida chatarra y se expenden los refrescos y se expenden todo tipo de lo que podríamos considerar comida basura. ¿No hay manera de cambiar esos hábitos? En esos mismos lugares yo he visto a enfermeras, a médicos, sobre todo los jóvenes que deben ser residentes, que deben ser aspirantes a una titularidad, comiendo este tipo de comida basura. ¿No hay manera de influir en los propios elementos de los institutos, no nada más de este, sino también Cancerología, el INER, etc., para que sus pro-

pios miembros tengan un comedor para que tengan un sitio donde abastecerse de comida sana?

FG: Sí, nosotros lo hicimos. Cuando yo fui director vimos los precios que había afuera y los precios que había en la cafetería aquí y eran más bajos que los de afuera, a pesar de eso, la gente se iba a comer afuera. Pacientes, familiares de pacientes y médicos, prohibimos que la gente saliera con bata a comer afuera porque así nos ventanearon unas televisoras alguna vez porque se enojaron con nosotros y entonces vieron que venían gente con la bata y bueno, ya se imaginará los reportajes que hicieron. Pero es muy difícil, es muy difícil, ahora no sé la cafetería cómo funcione, la verdad; pero en mi tiempo tratamos de hacer una cafetería diferente, teníamos una isla de ensaladas, por ejemplo, o de comida saludable y nuevamente a precios más bajos que afuera. Teníamos que subvencionar esta cafetería, pero pues es un negocio. Esto lo hablamos con la delegación en mi tiempo y les enseñamos muestras de la comida que había en donde el 60 % tenían bacterias, que eran infestantes y que podían producir diarreas y enfermedades importantes, se lo demostramos, no nos hicieron caso.

»Yo tenía, afuera del Instituto tres puestos, eran tradicionales, de tortas, de cosas que no eran tan malas y entonces el que era en esa época el delegado dijo: "No se preocupe doctor, le vamos a quitar a la gente que está ahí". A esa gente no me incomoda y a la vuelta me pusieron treinta y cinco. Todo lo que es el corredor de San Fernando, por ejemplo, el doctor Mohar les puso unos macetones enormes y ya no se pudieron poner ahí, pero el resto está lleno de puestos de comida que, obviamente, un partido político fue el que inició todo esto y les regalaban los carritos para que se instalaran. El Gobierno ha sido el impulsor, pues sabemos que los que venden ahí, tienen que dar una cuota a un delegado o a un quien sea. Son cosas que no se pueden terminar.

RC: El doctor T. Colin Campbell que ha hecho un análisis enorme, llamado "el Estudio de China", señala que, casi como eslogan, lo ha repetido por todas partes, dice: "Si quieres estar sano, cambia tu dieta". Esto significa que la alimentación está muy muy ligada al cáncer, el estudio que hizo en China, auspiciado por el ex-primer ministro Zhou Enlai, que murió de cáncer y auspició este estudio, consideró que era una nación que tenía estándares en cuanto a su genética más o menos homogéneos, a pesar de que hay ciento ochenta y dos para ser precisos, distintas tribus o distintas formas genéticas de desarrollo; sin embargo, fue considerado como un país homogéneo para hacer este estudio. Y se descubrió, entre muchas otras cosas, que era la alimentación de plantas, la alimentación de verduras, de semillas, de nueces, de flores, incluso, lo que auspiciaba que se tuviera una vida mucho más amplia, mucho más generosa. A ello hay que añadir que los más destacados eran quienes vivían sin estrés, que tenían una vida generalmente en el campo, en pequeños grupos donde no había la presión económica, no había presión política, no había la presión social, no había que tener un auto más lujoso, no había que tener un comedor, un restaurante de determinado tipo, ¿quiere esto decir que nuestro estándar de vida, concretamente en México, está equivocado?

FG: Pues no estrictamente, pero le voy a decir lo que pasa en los orientales, que conozco mejor Japón que China. Japón tiene mucha más frecuencia de cáncer de estómago por su dieta y menor frecuencia de cáncer de próstata, igual los chinos, por su dieta. Le voy a decir por qué, cuando hay migración de japoneses o de chinos a Estados Unidos, el momento que entran a la dieta occidental, al Kentucky Fried Chicken, vuelven a tener la misma frecuencia que la gente blanca. Hace muchos años, y esto ha coincidido en lo que es la dieta mediterránea, la dieta mediterránea está comprobado que tienen menor frecuencia de cáncer, y esto fue algo muy interesante. Después de la Segunda Guerra Mundial migraron grupos importantes de griegos a Australia, pero estos griegos permanecieron con su dieta mediterránea y tienen mucho menos frecuencia de cáncer de próstata que los nativos de Australia.

RC: ¿Por la dieta mediterránea?

FG: Por la dieta mediterránea, y esta dieta es útil para el corazón, es útil para el cáncer de próstata, eso es lo que yo sé. El tomar ciertas partes de la dieta mediterránea son muy importantes, no quiere decir que nunca se coma fritangas, no, pero muy de vez en cuando. Pero, en lugar de eso, comer más verduras, comer más semillas, aceitunas, aceite de oliva para cocinar, el pescado y todo eso ha hecho que la dieta mediterránea se considere una de las dietas que pueden prevenir, entre otras cosas, el cáncer.

RC: Dígame doctor, ¿cómo es posible que tengamos una condición de falta de alimentación adecuada cuando este es un país con una producción muy amplia de semillas y de frutas? Hay ocasiones en que distintas revistas han considerado que el sureste mexicano tiene el 83 % de vida silvestre y de vida de autonomía en relación con la fauna y la flora y no podamos producir

una alimentación adecuada a nuestras necesidades. ¿Es fundamentalmente falta de educación?

FG: Falta de educación y presupuesto. ¿Qué ayuda al campo? Estaba viendo en una revista que ahora la zona cafetalera de Guerrero, se está transformando en cocaína, en hojas de coca. ¿Por qué? Pues porque no tienen incentivos los agricultores y les pagan tan mal que dejan de producir alimentos que son útiles, entonces lo grave que está sucediendo, además, es la cantidad de injerencia de los grupos de la delincuencia que han tomado la parte agrícola. Ahora cobran derecho de piso a quienes producen aguacates, limones, tortillas, además, modifican los campos de cultivo para que hagan o mariguana o siembren algún tipo de heroína. En México no hay ayuda del Gobierno para nada, eso está agravando mucho más la alimentación de los mexicanos. Están comiendo mucha más comida procesada y obviamente comida chatarra.

RC: Doctor Gabilondo, yo he padecido dos tipos de cáncer, en dos distintas épocas. Primero el cáncer de Próstata y después el cáncer de Colon. He notado que en los institutos de salud, en general, y en particular en Cancerología, el trato que se le brinda al paciente es ejemplar. En este libro estoy dando cuenta de las numerosas experiencias que he vivido, donde he visto que el personal médico, trátese de un doctor, trátese de enfermeras, trátese de asistentes, trátese de camilleros, etc., se dirigen al paciente con mucha amabilidad, con mucha paciencia dado que muchas personas que asistimos al INCAN no tenemos un grado de educación más elevado.

»Yo califico esto como una mística de los Institutos de Salud, en general, en particular del INCAN y de lo

poco que he tenido que ver con Nutrición. ¿De dónde sale este espíritu, que yo me atrevo a decir que es místico, qué pasa con los estudiantes que quieren ingresar a los institutos de salud, que ya han terminado sus cinco-seis años de carrera de médicos que han tenido ya estudios de maestría y que en sus doctorados se dirigen a cualquiera de estas especialidades y, fundamentalmente, se dicen a sí mismos tengo que pasar por uno de los Institutos de Salud? ¿A qué se debe esto?, ¿cómo fueron creados en la época de los 40, 46, 50 del siglo pasado para crear este espíritu de solidaridad, de colaboración y también de talento entre el personal de los institutos de salud?

FG: Bueno, esto es obra del Maestro Zubirán, indudablemente, que se llama mística. Aquí en el Instituto tenemos un cuadro que hizo el Maestro Zubirán sobre la mística de la Institución. Y siempre hemos tratado de que el objeto central sea el paciente y que la gente sea y la hemos entrenado, por lo menos en mi tiempo, entrenábamos a la gente, recepcionista, el camillero, la enfermera, el médico a entender que los pacientes están en situaciones emocionales graves y que se les tiene que tener paciencia, tolerancia. Yo creo que en una época lo logramos bastante bien, pero es algo en el departamento que a mí me toca, yo tengo entre doce y catorce estudiantes de posgrado que están conmigo cuatro años, y aquí es cero tolerancia a la violencia de cualquier tipo. Nadie tiene la capacidad o el derecho de gritarle a ningún empleado de la institución, del rango que sea, a ninguna enfermera y menos a ningún paciente. Eso es algo que cuidamos celosamente de la gente que ingresa, incluso en las entrevistas.

»Ahora, ¿por qué los institutos tienen esto? Tenemos la élite de los estudiantes de todo el país, los mejores promedios de la República Mexicana, de todas las universidades vienen a hacer su solicitud aquí. Por ejemplo, en urología, el último censo que tuvimos fueron treinta aspirantes y de esos treinta aspirantes se quedan cuatro nada más. Entrevistamos entre ocho y diez, todo el departamento, todos los médicos de base entrevistamos a los médicos que son aspirantes a la residencia. Hacemos un análisis de la entrevista y después en consenso decidimos quién se queda. Le voy a decir, aquí las influencias no cuentan, todos los que trabajos en instituciones estamos conscientes de que nadie debe de intervenir en la selección de los residentes.

»Eso ha quedado muy claro en la historia de este Instituto, aun teniendo gente conocida, jamás recomiendo. Por eso a mis alumnos que he tenido, se lo he dicho, ustedes entraron aquí por su propia facultad de entrenamiento y de su talento, ustedes son los directamente responsables, nadie más. Entonces sí, tenemos una élite de estudiantes, estamos muy cerca, estudiantes de posgrado, estoy hablando de los estudiantes de posgrado, estamos muy cerca de ellos convivimos con ellos, pero tratamos de hacer esa medicina amable y afable con el paciente. Así que lo hemos logrado la mayor parte, le puedo decir que en Urología lo hemos logrado, si usted ve a las secretarias que tenemos, es gente que está dispuesta a ayudar, dan indicaciones claras, a lo mejor se nos escapa uno que otro por ahí, pero en general creo que la atención es afable con los pacientes.

RC: Dígame doctor, las personas que son vegetarianas y veganas, ¿tiene mayor capacidad de enfrentar las enfermedades en general, concretamente el cáncer? Ve-

ganos y vegetarianos, que tiene otro tipo de alimenta-ción, ¿son más fuertes que quienes no lo somos?, ¿están mejor entrenados para sobrevivir?, ¿cómo se presentan los casos de personas que se han venido alimentando sin probar lácteos, sin probar carne roja, sin probar muchas veces ni siquiera pescado ni aves de corral; ¿tienen más resistencia, tienen mejor preparación, son más sanos, les va mejor cuando ingresan a los institutos de salud?

FG: A ver, aquí una cosa muy importante es que la mejor dieta es la equilibrada.

RC: Equilibrada...

FG: Equilibrada, porque si usted nada más come vegetales no tiene aminoácidos básicos y una serie de vitaminas que no tienen las plantas, por eso tiene que ser una conjunción de las dietas equilibradas, considerando que las proteínas tienen que ser de alta calidad. Proteínas de alta calidad son el huevo, por ejemplo, que es barato y bueno, no en exceso. Las carnes rojas también son importantes, pero no comerlas con regularidad o el pescado, que es excelente. Una de las proteínas más sanas que hay es el pescado. Obviamente que el ser vegano y ser vegetariano les quita muchas cosas de lo que es las defensas seguramente inmunes, porque no producen lo que las proteínas de origen animal les da. Y, no creo que sean más sanos, eso definitivamente no.

RC: Dígame doctor, el hecho de tener usted una gran experiencia en la medicina convencional, en la medicina alópata, ¿le resta a usted posibilidades de ver que en la medicina oriental o en la medicina no convencional, puede haber unión de estos esfuerzos o definitivamente están separadas?

FG: No, yo creo que hay una medicina oriental racional, por ejemplo, para control del dolor eso ya es una mezcla, la gente que tenía la clínica del dolor aquí en Nutrición, que inició esto, hacía acupuntura. Sí hay momentos en que se pueden correlacionar, aquí lo importante es qué si se usa la medicina oriental como tal, y usted tiene un cáncer que es curable y que se sigue viendo en una medicina que a lo mejor no le va a ayudar a controlar el cáncer, puede pasar el tiempo. Si usted se hace acupuntura porque tiene dolor aquí, en el pie, pues eso es muy razonable. Además, es una cultura que lleva cinco mil años, muchas cosas son positivas, pero definitivamente la medicina científica usted tiene que comprobar qué sirve o no sirve.

»Nosotros hemos visto multitud de medicamentos que son iguales al azúcar, al placebo, igualitos, pero la gente nada más con la parte psicológica mejora. Un 30 % de los estudios que hemos hecho muchos años en Nutrición, el 30 % dándoles azúcar mejora. Lo cual teníamos una evidencia que la psique tiene algo que ver en todo esto, pero hay que comprobarlo. En medicina dicen que somos muy escépticos, no es que para que tome algo en serio necesita comprobarse qué sirve. Hay una cantidad de remedios, no nada más en la cultura oriental, en la cultura de nosotros, de nuestro pueblo, usted va a un mercado o en cualquier lugar y va a ver que hay cincuenta cosas diferentes para curar lo que se imagine.

RC: Así es.

FG: Hay cosas que sirven, indudablemente, y le voy a decir que es muy interesante porque hay plantas que indudablemente tiene efectos benéficos. El problema es lo que está alrededor de la esencia que sirve para curar alguna cosa, tiene otras cosas que pueden ser tóxicas. Usted imagínese las plantas, los tés que se cultivan en el Valle de México, ¿cuántas contaminantes tienen esas plantas? Entonces, el principio fundamental de esto existe, pero a final de cuentas hay que comprobar las cosas. Y no le puedo decir la cantidad de medicamentos que hemos demostrado que no sirven, aquí lo importante es que los orientales no se abrieron por muchísimos siglos a ningún tipo de comunicación. Por ejemplo, entre los japoneses o los chinos no hay autopsias, ¿cómo, científicamente, puede comprobar alguno de estos padecimientos si no se hacen autopsias?

»Ahora no sé si se hagan, pero antes no se hacían. Por ejemplo, la donación cadavérica prácticamente no existe, eso es una acción viva. Pero, a lo mejor llega un momento en que, digo los chinos ya tienen una gran cultura científica, le voy a decir que hay centros hospitalarios en China de muy alto nivel igual que en Japón, igual, bueno Corea del Sur es un ejemplo. Yo creo que su medicina tradicional va a pasar como con nosotros, nosotros tenemos una medicina tradicional que hay cosas que sirven y hay cosas que no sirven indudablemente. Y ellos van a discriminar la misma cosa, o sea en los hospitales y lo que están publicando los chinos, los japoneses o los de Corea del Sur son de alto nivel científico.

RC: Doctor, estoy muy agradecido con usted, pero más que pregunta, la última sería lo siguiente: si ha habido algo que usted quiere que bajo su nombre aparezca en el libro que estoy haciendo y no le he preguntado, ¿quisiera usted añadirlo?, ¿quisiera usted decir: "Me interesa mucho esto que no me ha preguntado"?

FG: No, lo único que le podría decir es que el arte y la música son complementos de la asistencia. Si usted se da una vuelta por el Instituto, va a ver, tenemos un acervo pictórico muy importante. En mi época yo instalé un concierto o cualquier actividad cultural de teatro, música, encuentros, en fin, para cultivar al personal y a los residentes de la institución. Entonces durante diez años consecutivos tuvimos sesiones culturales regularmente el último jueves de cada mes. Y, por otro lado, la gente que nos donaba cuadros y se los pedíamos también, pues el Instituto está adornado de cuadros. No tiene que ser una cosa que no sea bonita, al gusto, pero los presupuestos siguen haciendo que cancelemos cirugías como trasplantes, por ejemplo. No hay insumos y todo lo que dicen afuera de que no pasa nada, bueno ya lo vimos ahora con Guerrero que no pasó nada y sí pasó.

»En los institutos estamos exactamente igual. No pasa nada porque tienen estrictamente prohibido dar cualquier cosa en donde se diga que el Gobierno no está funcionando. Esa parte no la hemos solucionado, tenemos equipos que tienen entre quince y veinte años que no se han sustituido, estamos ahorita con problemas muy serios. Todo lo que es la tecnología nueva, porque el único acceso que tenemos es a través de Garrido Arronte, por ejemplo, que ha tenido una extraordinaria fundación. Prácticamente todos los equipos nuevos que yo compré cuando fui director era de Garrido Arronte, una gran institución, que ha ayudado a los hospitales en todo el país, cosa extraordinaria. Antes teníamos las cuotas de recuperación, a los enfermos se les clasificaba de la A a la G o H, gente que pagaba un peso, pero gente que pagaba lo que le costaba al instituto esto. Eso significaba entre 150 y 400 millones de pesos anuales para el Instituto, nos lo quitaron gratuitamente sin tomar en cuenta a los pacientes cada vez más numerosos.

Dr. Javier Román

"La Oncología hay que entenderla de una manera integral, desde la previsión hasta el final"

¿Quién es el doctor Dr. Javier Román?
Hoja de vida

- Fecha de Nacimiento: 5/08/59
- Lugar de nacimiento: Guadalajara (España).
- Licenciado en Medicina y Cirugía, Madrid (1982). Universidad Complutense de Madrid
- Grado de Licenciatura en la Universidad de Alcalá de Henares.
- Premio de Licenciatura de la Real Academia de Medicina de Madrid (1983).

- Becario del Colegio de España de Bologna (1983-1984).
- Doctor en Medicina y Cirugía "cum laude" por la Universidad de Bologna (Italia) (1984).
- Premio Extraordinario de Doctorado de la Universidad de Bologna (Italia) (1984).
- Especialista en Medicina Interna (1989).
- Diplomado en Gestión Hospitalaria por la Escuela Superior de Administración de Empresas
- (ESADE) (1993).
  - Especialista en Oncología Médica (2000).
- Miembro de los Servicios Médicos de Ibermutuamur:
  - Director de Medicina Laboral (1989-1996).
  - Director Médico de Contingencias Comunes (1996-2006).
  - Consejero Médico de Ibermutuamur (2006-2009).
  - Miembro del Comité de Dirección (1996-2009).
  - Director Ejecutivo del Plan de Investigación Cardiovascular de Ibermutuamur).
- Premio Nacional Estrategia NAOS 2007 en el Ámbito Laboral del Ministerio de Sanidad y Consumo.
- Oncólogo Médico de Clínica Ruber de Madrid (1989-1992).
- Oncólogo Médico de Hospital Ruber Internacional (1992-1999).
- Oncólogo Médico de Clínica La Luz y Clínica Nuevo Parque de Madrid (1999-2005). Director
- Médico de Clínica Román y Jefe del Servicio de

Oncología (2005-actualmente).
- Jefe de Servicio de Oncología de Hospital La Zarzuela de Madrid (2008- 2010).
- Jefe de Servicio de Oncología de Hospital Moncloa de Madrid (2009-diciembre 2013).
- Jefe de Servicio de la Unidad de Oncología Médica de Hospital Ruber Internacional y Hospital
- Ruber Quirón Juan Bravo de Madrid (3/02/14-09/11/23).
- Director Médico Asistencial de IOB Institute of Oncology de Madrid y Jefe de Servicio de Oncología Médica de Hospital Beata Maria Ana de Madrid (09/11/23-actualidad).
- Patrono Fundador y Presidente de Fundación Oncoayuda.
- Acreditación de ANECA como Profesor de Universidad Privada.
- Profesor de la Universidad Europea de Madrid y Coordinador de Oncología Médica campus Quirón-Ruber Juan Bravo (2017 - 2022).
- Ha publicado más de ciento cincuenta artículos en libros médicos, revistas médicas nacionales y extranjeras y comunicaciones a congresos nacionales e internacionales.

RC: ¿Por qué algunas personas se enferman de cáncer?

JR: Bueno hay una teoría, yo creo que bastante plausible, que dice que la aparición de la célula del cáncer dependen de la interrelación, entre la capacidad de que eso ocurra por parte de la genética del enfermo o del paciente y también las condiciones exógenas, las condiciones que pueden producir que desde el punto de vista externo a la propia persona esto ocurra. Es decir, es una interacción entre la posibilidad de que las características genéticas del paciente se puedan alterar y de que haya algún agente externo qué sea capaz de hacerlo. Pongo el ejemplo del tabaco. El tabaco se conoce perfectamente que tiene pues más de sesenta agentes carcinógenos, eso significa que desde el punto de vista teórico o *in vitro* hay más de sesenta sustancias que son capaces de alterar el ADN. El ADN que es donde nosotros tenemos nuestra memoria genética.

»Pero también es verdad que siempre hay alguien que dice: "Pues mi tío fumó ciento cinco años y nunca tuvo cáncer". Sí, claro, claro, de acuerdo, o sea hay un agente carcinógeno que actúa y luego hay pues todo un lecho, todo una serie de genes que pueden alterarse o pueden resistir. Porque curiosamente, nuestro DNA, nuestros genes es algo tan preciado que la naturaleza nos ha puesto ahí toda una serie de mecanismos de reparación, toda preparación, toda una fontanería disponible para que cuando haya alteraciones de los genes, cuando hay daño, cuando hay una lesión, se puedan reparar. Por lo tanto, digamos que es una interacción mucho más compleja de lo que puede parecer.

»No solamente existe la voluntad de alterar el gen, sino hay que ser capaz de estropearlo, porque a su vez los genes se defienden, se defienden con todo un mecanismo de ingeniería molecular, para tratar de reparar esa lesión que ha producido un agente carcinógeno. Por lo tanto, al final, esa interacción entre agentes externos y el propio genoma, son los que son capaces, o no, de producir algún tumor. Un tumor al final es la expresión de esa rotura de los genes que producen mutaciones y lo hablaremos a lo largo de la charla, de que esas mutaciones adquieren capacidades, adquieren habilidades que no tenía antes la célula.

»Finalmente, el cáncer es el crecimiento desordenado de las células si ningún fin, simplemente se activa una especie de turbo, que hace que las células empiecen a multiplicarse y a dividirse sin ningún criterio, para al final hacer un desarrollo completamente anormal, multiplicativo y lo que hace es que suplanta los órganos, donde se empieza a reproducir de una forma desordenada y acaba alterando su función. Eso, al final el cáncer no es más que un crecimiento completamente desordenado de células a gran velocidad, pero que además pierden una característica normal de las células normales, que es lo que llamamos apoptosis, que es la muerte celular programada, es decir, tiene un reloj biológico que hace que desaparezca en un determinado momento. Lo mismo que el ser humano acaba muriendo igual.

RC: ¿Por qué los linfocitos T de nuestro sistema inmunológico, no atacan inmediatamente este trastorno, esta desarmonía?, ¿qué es lo que hace que no se dirijan directamente y ataquen a este desorden originando así con ello el tumor?

JR: Sí, vamos a ver. Nosotros tenemos teóricamente un mecanismo de vigilancia inmunológica. Nuestros linfocitos están destinados en sus distintas familias a combatir todo lo que nos sea ajeno y de hecho son verdaderamente capaces y con una gran memoria, lo que se llama la memoria inmunológica, para descubrir cualquier intruso, ya sea un parásito, ya sea una bacteria, ya sea un virus o ya sea una mutación una zona tumoral, mediante lo que llamamos antígenos tumorales. Son capaces de reconocer que aquí está ocurriendo algo anormal y dirigirse hacia ellos. Pero curiosamente a su vez las zonas tumorales también han desarrollado mecanismos para eludir esta presión de la inmunidad. Y entonces conocemos ya algunos mecanismos, algunas moléculas que expresan los linfocitos, como por ejemplo PD-L1, es decir, una serie de moléculas que está en la superficie de los linfocitos y que a su vez son las que permiten reconocer a las zonas tumorales.

»Bien pues algunas de las zonas tumorales son capaces de generar unas moléculas complementarias que se acoplan a esa molécula de superficie y bloquean al linfocito, lo noquean, lo dejan dormido. Entonces precisamente la inmunoterapia las moléculas que estamos desarrollando, precisamente se basan en separar esa unión que ha fabricado la zona tumoral con el linfocito para bloquearle, para dormirle y al separar esa unión a través de anticuerpos específicos, pues son capaces de volver a despertar al linfocito y hacer que vuelva otra vez a atacar la célula tumoral. Luego efectivamente existen mecanismos ya bien conocidos por los cuales las células tumorales son capaces de bloquear la respuesta linfocitaria.

RC: Sí, doctor tres son en general las formas de hacer frente al cáncer, la cirugía, las radiaciones, la quimioterapia y recientemente, digo recientemente porque no tiene mucho tiempo se está desarrollando, la inmunoterapia. Este tratamiento de alguna manera premiado con el Nobel para dos científicos, uno oriental, Tasuku Honjo, el norteamericano James Allison, señalan que lo que hay que hacer es permitir la entrada de los linfocitos y los medicamentos hasta el núcleo del tumor y esto se ha premiado justamente porque se desconocía esta,

**esta situación. ¿Dígame usted en España concretamen-
te qué tanto se está aplicando la inmunoterapia?**

JR: Bueno la inmunoterapia, la verdad es que ha sido algo que nos ha venido a resolver una parte del problema del cáncer, o sea efectivamente los doctores Allison y Honjo, que fueron los que fueron premiados hace ya seis años. Pues lo que fueron capaces de descubrir esa molécula que le decía CTLA- 4, que es capaz de inhibir la activación de los linfocitos T.

»Entonces, ¿qué es lo que han conseguido ellos? Bueno pues, esas dos moléculas que conocemos mejor que son CTLA-4 y PD-1, son esas moléculas que estando en la superficie de los linfocitos es bloqueada por moléculas complementarias de las tumorales. Entonces, ¿qué hicieron estos señores? Clonaron lo que llamamos unos anticuerpos monoclonales, ¿qué significa un anticuerpo monoclonal? Pues es una inmunoglobulina que sepa buscar selectivamente una molécula complementaria.

»De ese modo se evita que ataquen sistemáticamente a todas las células. Que eso es lo que hace la quimioterapia lo que hace es que ataca mediante un bloqueo de un mecanismo celular, a cualquier zona que… lo tenga, sea tumoral o sea normal, por eso tiene tantos efectos secundarios. Sin embargo la inmunoterapia no, la inmunoterapia en este caso concreto, mediante anticuerpos monoclonales, lo que hace es que busca selectivamente una molécula y la bloquea.

»¿Qué hicieron? Buscar moléculas anti PD-1 o anti PD-L1 o anti CTLA-4. Es decir, intentan mediante un anticuerpo monoclonal separar esa unión. Esa unión no deseada que ha hecho la zona tumoral, bloqueando el linfocito. Entonces, básicamente mediante ese mecanismo los linfocitos son capaces por sí solos de atacar las zonas tumorales. Pero aprovechando esa inmunidad esa capacidad de los anticuerpos monoclonales para dirigirse selectivamente a unas células, se han inventado lo que llamamos inmunoconjugados, es decir, moléculas que mediante un anticuerpo monoclonal van buscando la zona tumoral que expresa un antígeno, una molécula concreta capaz de ser reconocida por este anticuerpo monoclonal que hemos creado habitualmente mediante ingeniería genética.

»Pero al anticuerpo monoclonal le hemos cargado con una molécula citotóxica, con un auténtico quimioterápico. Entonces, lo que hacemos es buscar a la zona tumoral que expresa esa molécula, que une el anticuerpo monoclonal a esa especie de antena que tiene la zona tumoral, lo engancha y en ese momento incorpora la carga tóxica que tiene dentro y la mete hasta el núcleo. Eso, por ejemplo, lo más reciente que se ha descubierto y precisamente, además un oncólogo español es el que ha liderado esta investigación, que además es mi compañero y socio de nuestro Instituto de Oncología en Madrid, es el Trastuzumab deruxtecan.

»Una droga para el cáncer de mama, que posiblemente es el descubrimiento más importante de los últimos años, en el cual precisamente hemos cargado al Trastuzumab que es una molécula ya antigua, digo antigua que tiene quizá ya veinte años. Es capaz de detectar las zonas de cáncer en mama que expresan HER2, que es otra molécula, pero a esa célula, a esa molécula, el Trastuzumab la hemos cargado con un potente tóxico que se llama Deruxtecan. Entonces en el momento que interacciona esta molécula con la zona tumoral le abre un hueco, digamos en su membrana y mete dentro el quimioterápico y destruye la célula pero de una forma absolutamente selectiva.

RC: ¿Cómo se llama este doctor?

JR: Doctor Javier Cortés.

RC: Javier Cortés. Muy bien. Dígame, ¿cuál es el cáncer más agresivo y seguidamente?, ¿por qué el cáncer logra hacer la metástasis?, ¿qué hace que este desorden haga que se salga de un determinado órgano y entre comillas busque ir a otra parte?, ¿a qué se debe?

JR: De acuerdo. Bueno pues en primer lugar a la primera pregunta, en cuanto cuál es el cáncer más agresivo, es un poco difícil de contestar, pero yo le diría que dentro de los tumores sólidos. Posiblemente el tumor más agresivo es el carcinoma de células pequeñas de pulmón. Es uno de los tumores más agresivos, en cuanto a la capacidad que tiene de hacer que un paciente fallezca si no hay tratamiento por medio. Eso solo en pocas semanas las que consigue sobrevivir un paciente con un tumor de células pequeñas de pulmón, si no hay tratamiento.

»Y en cuanto a la segunda pregunta, pues el mecanismo de las metástasis es cada vez más conocido. Realmente digamos que las células normales, las células del epitelio del pulmón, las células del epitelio del colon, las células del epitelio del estómago, o del tiroides, están dotadas de una serie de características que están escritas en su DNA, por la cual se les confiere una serie de capacidades o de habilidades.

»Una de las enfermedades leves de una célula normal es que no tiene la habilidad de salirse de su sitio. ¿Por qué? Bueno pues porque no tienen mecanismos para romper las adhesiones, las uniones que tienen al tejido que les sujeta, de tal manera que normalmente están fabricadas por la naturaleza para permanecer en su sitio. Cuando se producen estas mutaciones, el DNA empieza a sufrir alteraciones y las proteínas que acaban produciéndose gracias al DNA, pues empiezan a cambiar, porque cambia el DNA. Esa mutación lo que hace es que rompe la secuencia del DNA y cambia las proteínas o el producto final que produce el DNA. Y curiosamente las células empiezan a adquirir habilidades que no tenían antes, porque empiezan a producir proteínas que les hacen, por ejemplo, ser capaces de romper los vasos sanguíneos y meterse dentro.

»Evidentemente una célula que se mete en un vaso sanguíneo empieza a viajar y cuando empieza a viajar acaba en otro órgano.

RC: Doctor, le hago una pregunta con cuidado tratando de utilizar bien el verbo, ¿cree usted que con estas mutaciones, con esta fortaleza, con esta capacidad que tienen de despistar a los leucocitos T, las células cancerígenas son inteligentes?

JR: Sí, yo creo que sí, es decir, inteligentes en el sentido de ser capaz de cambiar su estatus, solventar las dificultades, evidentemente no cabe otra respuesta que decir que sí. Es decir, las células tumorales precisamente se caracterizan por ser capos capaces de resolver los problemas que le va creando el propio cuerpo del que habita. Por lo tanto, si inteligencia es ser capaz de resolver situaciones difíciles, qué duda cabe que la zona tumoral es muy inteligente.

RC: Entonces doctor, nos encontramos ante un verdadero monstruo porque no lo hemos atrapado en un contagio, no son producto de una contaminación, son producto de nuestra propia creación. Cuando hablo de

**cáncer, estoy hablando de mi cáncer, no estoy hablando
del cáncer que podría tener alguna otra persona o algún
ser querido, sino de algo que yo inconscientemente he
creado. Esto significaría en términos no tan imaginati-
vos de ciencia ficción, sino de estricta medicina técnica,
¿estamos creando nuestros propios monstruos?**

JR: Yo más bien diría que, no es que nosotros los hayamos creado, sino que son capaces de convivir con nosotros. No son nuestros hijos, ¿eh? Simplemente se nos han
acoplado a nuestra casa. Entonces realmente lo que está
ocurriendo es que en primer lugar estamos ignorando o
que existen carcinógenos, sustancias, productos, varia-
ciones, muchas cosas que son capaces de alterar nuestro
DNA y posiblemente no estamos siendo capaces de elu-
dirlos adecuadamente, de evitarlo. Pero por otra parte hay
otras veces en las cuales el origen del cáncer está escrito
en verdad en nuestros propios genes, estoy hablando, por
ejemplo, del cáncer familiar.

»En el cáncer familiar lo que está ocurriendo es que
hay una mutación, una mutación del DNA que se trans-
mite de padres a hijos y que en esa secuencia mutada
está produciendo la incapacidad para, por ejemplo, reparar los genes, que es lo que habíamos dicho antes,
que se alteran por diversas circunstancias o incluso de
forma completamente normal. Es decir, nuestro DNA,
nuestro cuerpo, en definitiva por nuestro cuerpo la
suma de muchos DNA's es como un coche, por poner
un ejemplo siempre simple, siempre quizá poco, poco
adecuado pero bueno, gráfico ¿no? Al final un coche no
es eterno, al final un día se rompe, se descarga el aire
de una rueda, un día se rompe un amortiguador, bue-

no si no tenemos un buen mecánico que está siempre reparándolo, el coche no dura mucho.

»Ahora si nosotros nos encanta ir por un camino bien malo, lleno de baches y, pues un amortiguador se romperá antes o las ruedas se pincharán antes. Entonces, bien, pero es verdad que a veces el coche viene mal de fábrica y entonces, sin buscarlo pues se para a los quinientos kilómetros. ¿Cómo es posible? Bueno pues porque vino mal de fábrica, entonces hay familias que desafortunadamente tienen alteraciones genéticas que les facilitan las averías, en este caso les facilitan las mutaciones de determinadas células que producen cáncer de determinados órganos, y eso es algo que no lo hemos creado nosotros, la propia naturaleza venía averiada.

»Nosotros somos los que sí facilitamos por supuesto, eso sí que de alguna manera somos los responsables por no hablar de culpables. Responsables cuando fumamos evidentemente, pues tenemos un problema, cuando bebemos más alcohol de la cuenta tenemos un problema, cuando no cuidamos el sexo seguro, y tenemos problema con el VPH tenemos un problema y cuando no cuidamos el medio ambiente y contaminamos el ambiente y generamos cáncer de pulmón en las personas, pues tenemos un problema. Es decir, que sí, a veces somos responsables de lo que nos ocurra, eso sin duda.

RC: ¿Por qué puede regresar el cáncer en pacientes que ya habían sido tratados y se decía que están curados?, ¿por qué regresa exactamente al mismo lugar? En el Instituto Nacional de Cancerología de México se ha visto que señoras que fueron operadas de cáncer de mama, les regresó siete años después, diez e incluso

hasta dieciocho años más tarde, exactamente en el mismo lugar, ¿por qué doctor?

JR: Hay tumores en el cáncer de mama que cuando a mí las pacientes me dicen: "Bueno entonces doctor me doy por curada". Pues mire usted, tiene que vivir como si estuviera curada, pero vamos a chequearla periódicamente. Porque sabemos qué determinados tumores concretamente el cáncer de mama, es capaz de hacerlo. Bueno son capaces algunas células, por no hablar de tumores, un tumor sería la suma de muchas células, pero pongamos que alguna célula que somos incapaces de detectarla porque somos incapaces de detectar algo tan pequeño, porque por mucho que tengamos *Scanner*, resonancia PET TAC, somos incapaces de detectar una célula. Aunque de alguna manera ya estamos siendo capaces de detectar lo que llamamos células tumorales circulantes en la sangre, o sea que si en parte ya somos capaces de hacerlo.

»Pues hay células tumorales que adquieren esas habilidades que hemos dicho de no desaparecer, no tienen la apoptosis, la apoptosis es la muerte celular programada. Hemos dicho que cada célula tiene su muerte celular programada. Por ejemplo, una célula de la mucosa de la boca vive siete días, usted se da un pequeño mordisco en la boca, se hace una llaguita y a los siete días ya no tiene la llaguita, ¿qué ha pasado? Pues porque esas células son de muy rápido crecimiento y a los siete días se reproducen. Un leucocito de sangre dura cuarenta y ocho horas, mientras que, por ejemplo, la neurona no se reproduce nunca. Un señor tiene un ictus y se queda hemipléjico y ya no recupera más.

»Bueno, eso significa que el reloj biológico es como es. Pero curiosamente las zonas tumorales adquieren una nueva habilidad, que es la de no desaparecer, es la de no tener apoptosis. Entonces esas células tumorales, por ejemplo, del cáncer de mama, pueden estar viajando y se pueden alojar por ejemplo en un hueso, en el hígado, en un pulmón y estar ahí, por un metabolismo muy pequeño, pero vivas, de tal manera que un buen día se produce una mutación letal, una mutación especial de nuevo, que activa de nuevo la proliferación celular, activa los mecanismos de división de la célula y de repente vuelve a reproducirse, ¿pero cómo era posible si no había nada?

»No, no había nada, no, no lo he visto. Es como cuando usted hace una siembra en un campo y de repente el campo está aparentemente normal y llega la primavera y llueve y hace sol y de repente florece ahí algo, pero si no había nada, no, sí que lo había. Había manzanilla, había una cimiente viva que lo que pasa es que tiene un ciclo biológico que aparece en primavera, bueno pues es lo mismo que esa célula que estaba durmiente y de repente se ha despertado, efectivamente es de nuevo una habilidad especial de las células tumorales de permanecer vivas muchísimo tiempo y no desaparecer, eso es una habilidad de las células cancerosas que se producen mediante mutaciones.

RC: Esto que usted está diciendo me hace pensar en que todos somos vulnerables, lo mismo un niño que un adolescente, que un hombre maduro, o personas francamente mayores. Todos somos vulnerables por distintas razones, por distintos fenómenos y esto nos lleva a pensar que esta falta de defensas, debe de ser de alguna manera una falla quizás de nuestro sistema inmunológico. ¿Está usted de acuerdo en esto, o piensa que

los factores que crean y que desarrollan el cáncer, son superiores a nuestra capacidad inmunológica?

JR: Bueno, en realidad digamos que el organismo humano del ser humano tiene una programación y de tal manera que lo que está escrito es el día que naces y también está escrito el día que te vas, eso está clarísimo. No existe el ser humano eterno, porque no existe la célula eterna.

RC: Hay un determinismo en esto que usted dice...

JR: Es que es así, realmente nuestra especie está capacitada para vivir una serie de años. En la biología, en la medicina, en definitiva el taller, la reparación nos permite vivir más de ochenta y cinco años, bueno eso es fenomenal. Pero, por otra parte, lo que también está claro es que sigue existiendo un límite en nuestra capacidad de vivir. Otra cosa es que, independientemente de que esto es así y el marco, el marco de supervivencia está determinado. Por otra parte, lo que también está claro es que hay una serie de agresiones que pueden facilitar que la supervivencia se acorte. Del mismo modo que una buena alimentación, una buena higiene corporal, hacer ejercicio, evitar tóxicos como el tabaco, el alcohol, la obesidad, todo eso también ayuda a vivir más. Pero desafortunada o afortunadamente, porque depende de cómo se mire, nuestra biología está predeterminada y efectivamente la apoptosis, que es la muerte celular programada, es tan real como la vida, como la creación de la vida. Evidentemente somos unos seres limitados en el tiempo.

RC:Doctor el libro que yo estoy haciendo tiene varios propósitos. El primero hay un reconocimiento al Instituto Nacional de Cancerología de México, porque a pesar de que se les han disminuido los presupuestos

enormemente, al punto que sumados del año 19 para acá, es el 36 % menos de presupuesto cuando debiera ser era al revés. A pesar de ello siguen atendiendo con gran eficiencia y al mismo tiempo con empatía con los pacientes que formamos ya un contingente numerosísimo. Ese es el primer punto. Pero el segundo y aquí me gustaría que usted me ayudara, trato de hacer un libro que a pesar de toda la fortaleza que tiene el cáncer, poder llevar un mensaje de utilidad y de esperanza para quien tiene cáncer: Usted qué le diría a un enfermo y claro, me va usted a decir va a depender en qué momento se encuentre. Si es al principio del cáncer, que es un cáncer naciente de un tumor que aún no se ha propagado a otro que ya tiene cáncer en distintas partes del cuerpo debido al factor de la metástasis. ¿Qué diría usted que pudiera llevar aliento, que pudiera llevar esperanza a los enfermos de cáncer?

JR: Pues lo primero que les diría es que, yo tengo ahora mismo sesenta y cuatro años y empecé a adentrarme en el mundo del cáncer cuando tenía aproximadamente veinticinco, o sea que ya casi cuarenta años que estoy en este mundo. Le puedo decir a todos los enfermos de cáncer que la revolución que se ha producido en la oncología es espectacular. Es decir, del fallecimiento de pacientes de forma inexorable hace cuarenta años a la supervivencia enorme en este momento, eso es un hecho real, por lo tanto, la expectativa es absoluta. Segundo, el número de moléculas que se nos incorporan todos los años, cada año en los distintos subtipos de cáncer es a una velocidad de vértigo, es decir que el tiempo va siempre a favor de las personas con cáncer por los descubrimientos y la investigación son tremendas.

»Esto lo hilo con la disminución de presupuesto del Instituto Mexicano de Cancerología, pero también del Instituto Nacional del Cáncer norteamericano y de muchos otros países, porque desafortunadamente se atiende más a, bueno, a muchas cosas posiblemente poco importantes y no a la investigación. La investigación es el motor del cáncer, pero siendo así que la investigación es el núcleo duro en el que hay que agarrarse porque de ahí vienen los grandes avances. Avances que salvan vidas, sin duda la investigación salva vidas, yo la veo en un 360, la veo de una forma más integral. La oncología empieza por la prevención, tremendamente importante.

RC: Perdón, ¿qué es el 360?

JR: Trescientos sesenta grados. Como un círculo que se cierra, que empieza y se cierra por el mismo sitio. Mucho más amplio, mucho más integral que un fotograma concreto. La película debe verse desde el principio hasta el final. Entonces, por dónde empezar la analogía, pues se empieza por la prevención. ¿Por qué? Mire, hace dos años aproximadamente la fundación de Bill Gates y Melinda Gates patrocinaron un estudio que costó muchos cientos de millones de dólares, en el cual se planteaba saber a nivel mundial, y cuando digo a nivel mundial incluso los países con menos presupuesto, trataban de valorar si el cáncer se podía prevenir, ¿qué factores podrían ser conductor del cáncer y se podían prevenir? Bueno, pues el 47 % de todos los cánceres no se producirían si no se produjeran determinadas cuestiones como, por ejemplo, el tabaco, el alcohol, la obesidad, solo con esos tres prácticamente el 30 % de todos los tumores no se producirían.

»Por lo tanto, para empezar hay que decirle a la población, no solo a los pacientes con cáncer, también a sus familiares que no lo tienen, a sus amigos y conocidos que prevengan el cáncer. ¿Cómo? Pues que no fumen, que si han fumado alguna vez que no lo vuelvan a hacer que si están fumando que dejen de hacerlo, que por favor no se arrimen a los entornos donde se fuma; que abandonen el alcohol o por lo menos lo minimicen al máximo; que eviten la obesidad, que se protejan contra las enfermedades de transmisión sexual que pueden producir cáncer como el HPU, así sucesivamente. Eso en primer lugar, en segundo lugar, los pacientes que ya han contraído la enfermedad que se pongan en las mejores manos posibles, que analicen bien todas sus opciones y que, sobre todo, se acerquen a medida de lo posible a los entornos donde, además, se investiga seriamente. Porque la investigación ayuda a curar más el cáncer, eso está demostrado. Los pacientes que se tratan en entornos donde además se investiga adquieren más tasas de curación, eso es así. ¿Por qué?

»Porque además de lo convencional, de lo asistencial, de lo que ya está completamente establecido, cuando se produce un descubrimiento no se produce por generación espontánea, se encuentra porque se ha investigado la nueva molécula durante varios años. Cuando ya se comercializa, muchos pacientes se han aprovechado de ello durante los ensayos clínicos, por lo tanto, yo recomendaría a un paciente con cáncer que a medida que tenga fuerza y pueda, porque no siempre se puede evidentemente, se acerque a los sitios donde se investiga. Y luego hay una asignatura pendiente enorme, ¿qué pasa con los pacientes que ya no están en tratamiento activo? Y puede ser porque no tengan

Raúl Cremoux

un tratamiento activo adecuado ya o simplemente porque se han curado, bueno pues esa es la gran asignatura pendiente del primer mundo por supuesto, también del segundo y el tercero, pero del primero también porque esos pacientes con secuelas, con problemas económicos, con problemas familiares, con problemas sociales, con problemas de autoestima, problemas de secuelas físicas, psicológicas porque no están bien atendidos; bueno pues porque quizás se prioriza la atención del paciente activo si necesita quimioterapia, radioterapia o cirugías, pero ese es otro gran grupo de pacientes mucho más numeroso por cierto del de pacientes activos, está siendo muy vulnerable, no tiene en este momento recursos adecuados.

»Por eso digo que me gusta un enfoque 360, un enfoque que vaya desde la prevención, por supuesto la atención aguda del paciente cuando lo necesita con cirugía, quimio, radio, inmunoterapia o cualquier otro avance, pero también mucho hay mucho superviviente y con más razón aún al paciente que no va a sobrevivir al cáncer y que no tiene un tratamiento adecuado. Ese paciente tiene todavía mucho margen de tratamiento, el tratamiento paliativo no es algo de segunda división, debería ser algo absolutamente importante, porque toda la vida, todo el tiempo que tenga que vivir, de vivirlo con la mejor calidad de vida y la mejor dignidad, claro que sí.

RC: Doctor, por último, quisiera preguntarle a usted ¿qué con la leucemia? Y sobre todo en niños, en bebés, en muy pequeños de siete, ocho, diez, quince años que no han estado sujetos ni al tabaco, ni a la obesidad, ni han tenido relaciones sexuales que puedan causarles algún mal, ¿qué ocurre con estos seres humanos, ¿cómo

195

es que tienen un mal que pareciera una maldición? No han hecho nada y, sin embargo, les ha caído una enfermedad terrible.

JR: Bueno, pues en este momento la supervivencia del trasplante es muy alta y, por supuesto, en este momento hay un desarrollo tremendo de lo que se ha llamado, las carticels. La selva de ingeniería genética que son capaces de ser modificadas para ser posteriormente atacadas. En ese punto, a pesar de que el sufrimiento de las familias de los niños obviamente es tremendo, pero ahí sí que hay una esperanza absoluta. Ahí se han producido avances estratosféricos, entonces ciertamente son niños tan inocentes que no tienen culpa ninguna y que, sin embargo, están siendo atacados por esa enfermedad tremenda muy agresiva. No obstante, hay, y a pesar de que todavía hay mortalidad, qué duda cabe, la expectativa es enorme, donde se demuestra que la investigación y la inversión en la investigación merece la pena.

»Efectivamente da mucho coraje ver cómo los gobiernos gastan dinero en bobadas, en hacer propaganda absurda y gastar miles de millones en intentar torcer las ideas de las personas y de alienarnos mientras que podrían salvarse muchas vidas metiendo dinero en investigación. De verdad que yo soy muy parcial porque yo me dedico a lo que me dedico y los políticos a lo que se dedican, afortunadamente yo creo que tenemos que decir que en la investigación se debe reivindicar porque la que salva vidas es la que, que seamos capaces de ilusionarnos a todos esos niños se les puede curar. Yo estoy convencido de que dentro de unos años ocurrirá como ha ocurrido con el sida u ocurría con la tuberculosis, que es una plaga bíblica y morirse todo el mundo, pues resulta que ahora mismo es una enfermedad crónica absolutamente compatible con la vida normal, pues eso va a ocurrir con el cáncer y va a ocurrir con la leucemia, pero va a ocurrir, siempre y cuando seamos capaces de investigar y de invertir, si no va a ser complicado. Por generación espontánea no lo conseguiremos.

RC: ¿Por qué es tan caro el tratamiento de inmunoterapia, doctor?

JR: Bueno, vamos a ver, el problema del coste de medicamentos tiene dos causas fundamentales, uno es los costes de investigación del fármaco. Un fármaco para que llegue a buen puerto, para que se acabe comercializando, tiene que pasar muchas etapas una carrera de obstáculos, tiene que demostrar una eficiencia, naturalmente, tiene que pasar una seguridad para el paciente, tiene que demostrar que en el balance entre riesgos y beneficios, hay beneficios y eso hace que la industria farmacéutica, que es quien investiga por cada mil moléculas que investiga, consigue sacar al mercado una. Eso significa que esa molécula tiene que jugar los costes de producción, los costes de investigación del 999 y eso ya de por sí es caro, pero, además, vivimos en un mundo en el que la industria farmacéutica son muy pocas, pero, además, son grandes consorcios, evidentemente son empresas que están en la bolsa y que los accionistas quieren beneficios, de tal forma que o dan beneficios o les retiran los fondos y dejan de investigar, con lo cual también hay que saciar la sed de los accionistas. Esto es otro problema

RC: Eso es casi criminal

JR: Eso implica, pero claro qué ocurre, que los estados no investigan, salvo algunos estados, pero normalmente incluso los que más investigan, pongamos el Instituto del Cáncer norteamericano en Estados Unidos, sin embargo, normalmente las moléculas al final las desarrolla la industria farmacéutica.

»Qué ha ocurrido recientemente con la vacuna del COVID mismo, al final quien ha hecho que la vacuna pare la pandemia son, pues, las empresas privadas. Entonces, efectivamente, los precios son precios de mercado inducidos por la necesidad de ganancia de esas compañías. Hasta ahí correcto, pero, bueno, la segunda parte, los estados que deberían de financiar esos fármacos tienen dos formas de hacer que baje el precio. Una investigar ellos, cosa que no hacen o dos, dedicarse a invertir el dinero de los impuestos en cosas más útiles en vez de cosas inútiles, como por ejemplo la propia propaganda de los propios partidos políticos, pero bueno, en definitiva, eso es así. La otra cuestión que me parece preocupante es que el diagnóstico se retrase y se puede retrasar, evidentemente, por falta de pericia o porque sea muy difícil, desafortunadamente la experiencia me dice que en muchas ocasiones nuestros propios colegas, a veces, no ponen la lupa suficientemente en el sitio donde hay que ponerla.

»Una persona joven o no tan joven que tiene un sangrado por la orina tiene que ser estudiada hasta el final, no vale con decir bueno puede que sea una infección de orina, pues sí te da eso o no, por lo tanto, hay que estudiar hasta el final. Una serie de datos de alarma de cáncer, claro los oncólogos los conocemos muy bien, pero que a veces nuestro médico de familia que trabajan muy bien, pues les quita un poco de valor. Un lunar que cambia de color o de tamaño, un sangrado rectal, un sangrado urinario, una tos persistente, un adelgazamiento, hay cosas que en la lupa hay que sacarla del estuche, ponerla encima y no parar hasta el final, hasta el diagnóstico. Aunque efectivamente, la carestía del cáncer está vinculada a los esfuerzos de investigación, son carísimos, son enormemente caros y que al final cuando aflora una molécula, esa molécula cuesta un molido en diamante y claro, evidentemente, hay que pagarlo.

»Pero, bueno, yo sigo pensando que un estado con la cantidad de impuestos que recauda tiene que ser capaz de priorizar y esa priorización tiene que incluir pagar los fármacos al precio al que tenga que pagarlos; aunque también hay otra cuestión, la investigación es financiada por estas farmacéuticas y por eso decía antes que es muy importante hacer posible siempre que uno tenga la forma de poder hacerlo, de vincularse a sitios donde se investiga, porque esa investigación sí que es gratuita por ley en todos los países, es decir, la industria farmacéutica gana mucho dinero, pero cuando investiga paga el fármaco y paga toda la investigación. Entonces aquel paciente que se acerca a esos entornos de investigación, evidentemente, tiene la suerte de recibir un tratamiento gratuito también. Tienes la parte positiva.

RC: Y dos, yo no sé si dejé de preguntarle algo que usted quisiera señalar, que usted quisiera que bajo su nombre aparezca en este libro.

JR: Pues mire, yo creo que me gustaría recalcar dos cuestiones fundamentalmente. Una muy importante, el paciente oncológico tiene expectativa, eso es algo que ha de grabárselo a fuego. Muchas veces a mí mis pacientes me dicen: "Doctor, pero yo me voy a morir". Y yo le digo: "Voy a hablar muy crudamente, yo también, nos vamos a morir todos". Recuerdo un jugador de futbol que luego fue entrenador, un inglés que vivió en España mucho tiempo, un periodista le quiso hacer una pregunta morbosa por aquello capturar la atención de sus lectores, le habló de la muerte y este hombre le dijo: "Sí, sí, claro que me voy a morir, pero sabe cuándo me voy a morir, mire, me voy a morir el día que me muera, pero por supuesto no hoy, ni mañana, ni pasado, solo el día que me muera".

»Eso es algo que yo creo que es muy importante, o sea, hay que vivir porque, bueno, claro que nos moriremos, pero cuando toque. Entre tanto vamos a vivir. Y la otra cuestión que me parece muy importante, el concepto de la oncología integral. Desde la prevención hasta la atención al paciente que, efectivamente, está en sus últimos días, pasando por todo lo demás que incluye naturalmente al paciente activo, al paciente que está siendo tratado. No se debe de entender la oncología como un pedacito de tiempo del paciente en quimioterapia, no, o la inmunoterapia, no, no, no. La oncología hay que entenderla de una manera integral, de la prevención hasta el final. Y eso yo creo que son las dos cosas que querría recalcar que en resumen es: hay expectativa, mucha expectativa y dos, la oncología es mucho más que un tratamiento, un antes y un después.

Dr. José Narro Robles
"Cualquier recorte presupuestal, cualquier disminución a los servicios de salud, es un atentado en contra de la población"

¿Quién es el Dr. José Narro Robles?
Hoja de vida

- Médico por la UNAM (mención honorífica).
- Director de la Facultad de Medicina de la UNAM (2003 a 2011).
- Rector de la Universidad Nacional Autónoma de México (2007-2015).
- Secretario de Salud (2016-2018).
- Miembro de la Real Academia Nacional de Medicina de España.
- Socio numerario de la Academia Nacional de Medicina.

- Asesor de la Organización Mundial de la Salud.
- Es un especialista reconocido ampliamente en Sistemas de Salud Pública.

RC: Doctor Narro, cuando fue usted secretario de Salud de este país, cuando era usted un funcionario federal, ¿cómo marchaba, cómo funcionaba ese Sistema de Salud Pública?, ¿cómo era en el tiempo en que usted fue el responsable?

JN: A ver Raúl, la verdad es que es una pregunta muy importante para ubicar cosas, pero para mí en lo personal, porque tengo que regresar a esos dos años y nueve meses en los que yo fui secretario de Salud. A mí me tocó ser el secretario de Salud de febrero de 2016 al 30 de noviembre de 2018. Hacerme cargo en un momento de cierre de un Gobierno, de una administración, de la administración del señor presidente Enrique Peña Nieto y que cuando me invitó él, me dijo con toda claridad: "Pepe estamos en la segunda mitad, no tenemos recursos, tenemos problemas y ya no podré hacer reformas a los servicios de salud". Así y todo acepté. Acepté y trabajé con una enorme intensidad, con una gran convicción. Conozco el Sistema de Salud Público de México, conozco y soy especialista en la salud pública y fue realmente una experiencia extraordinaria, corta, acotada por la realidad política, económica del país, y en donde pude percibir con toda claridad, habiendo estado previamente en la Secretaría de Salud, en el Instituto Mexicano del Seguro Social, en el ISSSTE, en los servicios médicos de la Ciudad de México antes Distrito Federal, de los problemas que tiene el sistema.

»Un sistema que tiene más de ochenta años ahora en

existencia, que se desarrolla a partir de 1943, cuando se funda el Instituto Mexicano del Seguro Social y se establece, lo que sabes tú, la Secretaría de Salubridad y Asistencia, entonces un sector importantísimo, yo digo que sin salud no hay nada. Soy uno de los miles que piensan que la salud es el prerrequisito fundamental para casi cualquier cosa. Estudiar, educarte, prepararse, se necesita salud, conviene tener salud. Divertirse, gozar, aprender, ver la naturaleza… salud. Ser productivo, trabajar, producir, hacer, aportar, se necesita salud. La salud es una condición para muchas cosas, pero siempre ha tenido un presupuesto insuficiente, ¡siempre es siempre! en estos ochenta años. Y el sistema nace con un vicio, con un defecto, el que la prestación de los servicios originalmente se divida en dos. Quien tiene un empleo fijo, quien recibe un salario, quien es un asalariado y su patrón es de, su jefe, su empleador es del sector privado, tiene IMSS. Quien no tiene, tiene los servicios de la Secretaría, de entonces, Salubridad y Asistencia, ahora de Salud, de los estados o de lo federal, ahí ha habido ajuste.

»Luego se desarrolla el ISSSTE, después surgen entidades, instituciones muy importantes que tienen su propio sistema de salud y seguridad social: Pemex, Marina, la Defensa o servicios como en el Estado de México para los trabajadores al servicio del Gobierno del Estado de México, el ISSSTE estatal, pero hay ISSSTE's municipales como el de Saltillo, hay ISSSTE municipal en Hermosillo, es una multiplicidad y los recursos son insuficientes y la población demanda más servicios y la organización ya no nos da. Desde 1983, tú lo recordarás, la Constitución de la República establece en el Artículo 4 el derecho a la salud, el derecho a la protección de la salud. Hoy cuarenta años después sigue siendo una aspiración y hoy más que nunca, porque los últimos años, en los últimos cinco años y medio se han descompuesto las cosas. Estábamos mal, hoy, lo digo con toda convicción y certeza, no con razones ideológicas, con datos, hoy estamos peor.

»Hoy el sistema ya no nos da, hoy México requiere una gran reforma, hoy requerimos convencernos de que se necesita dinero, que pasamos de las enfermedades transmisibles, que son mucho más baratas para su atención que las crónicas: la diabetes, las insuficiencias, la cardíaca, la renal, la cerebral vascular, hoy estamos en la etapa, en la transición poblacional somos más viejos como sociedad y la transición epidemiológica. Tenemos una combinación, pero las enfermedades no transmisibles, los problemas y los riesgos, obesidad, sobrepeso, hipertensión, hiperlipidemias, números elevados, índices elevados de glucosa en sangre, que nos están afectando y de manera muy importante, los estilos de vida.

RC: Doctor Narro, esta administración encabezada por el señor López Obrador, disminuyó y terminó, finalmente, con el Seguro Popular, que daba servicio a alrededor de 50 millones de personas. Más tarde se inventó, porque eso fue una invención el INSABI (Instituto Nacional de Salubridad y Bienestar), y dos años y medio más tarde fracasó, así lo reconocieron oficialmente. Y lo que quedó de toda esta destrucción se fue al Seguro Social.

»Grosso modo, en los últimos cuatro años el presupuesto de los que es el Sistema de Salud ha disminuido globalmente en 36 %, después de haber realizado este tipo de recortes presupuestales de cada uno de los años, es el 36 % en el total de seis años. Si usted dice

que ya era insuficiente desde que nació, hoy esas insu-
ficiencias nos hablan, yo diría que como paciente que
he sido del Instituto de Cancerología, una notable insu-
ficiencia. Yo quisiera que me diera una idea de lo que
significa el haber disminuido el 36 % del presupuesto
de todas las instituciones que conforman el Sistema de
Salud.

JN: A ver, yo parto del dato que usted me da, de que ha habido una disminución, sin duda ha disminuido mucho al punto de que el presidente habla de una *austeridad republicana*. La población crece, los problemas crecen, los rezagos se acumulan, las necesidades siempre son crecientes y yo parto del dato que tú me das.

RC: ¿Se refiere al 36 % global?

JN: Sí, al 36 % global que señala el CONEVAL. Bueno, pero, a ver, cualquier recorte, cualquier disminución a los servicios de salud es un atentado en contra de la población. Atentado en contra de la población, especialmente para los más pobres. Si ya era, tengo que acudir al dicho popular, de que "éramos muchos y parió la abuela". Nos hacían falta cosas y nos quitan recursos, estábamos mal y hoy estamos peor. Se incrementan las necesidades, tenemos problemas muy, muy serios, entonces, claro que es una cosa terrible y si a eso le juntas el que un sistema de financiamiento, como fue el sistema de protección social en salud, el Seguro Popular que funcionaba, que tenía fondos que se evaporaron.

»El fondo de protección contra enfermedades que generan gastos catastróficos, pues, por una parte, lo dedicaron al tema de la pandemia, que es otro gran tema que generó desafortunadamente el mal manejo, dolor, muerte, pesar, luto nacional, en cientos de miles de hogares en donde no debió de haber fallecido la persona y no debió haber fallecido si se hubieran hecho bien las cosas. Se hacen mal, se hacen a destiempo, no se cuida al personal, mueren médicos, el país con la mortalidad número uno en personal de salud, México no se lo merece. Muy muy mal, yo lo dije junto con otros cinco ex-secretarios de Salud que nos dirigimos de manera respetuosa al señor presidente de la República, a los presidentes de las Cámaras de Diputados y Senadores, a muchas personalidades que no quisieron escuchar: no supriman el Seguro Popular, cámbienlo, estudien bien lo que van a hacer. Preparen bien los cambios, no lo hagan a tontas y a locas y lo hicieron a tontas y a locas.

»¡Muy mal hecho y!, bueno, pues ahí está el reconocimiento expreso de ellos cuando se aparecen en INSABI en abril del año pasado, cuando en otra decisión errónea le transfieren a IMSS Bienestar OPD la responsabilidad, no es posible. Hoy estamos en el peor de los mundos, estábamos mal, pasamos a estar peor con el INSABI y ahora estamos mucho peor con un esquema desfigurado totalmente. Algunos estados que se han atenido y suscriben el acuerdo, otros que dicen con toda razón, en mi opinión, cómo lo vamos a hacer, claro que no. Muy mal.

RC: Quiere decir, doctor Narro, que para los jóvenes, para los niños y para la población en general, el futuro inmediato y más tarde mediato, ¿cómo va a ser?

JN: Yo espero, a ver, yo siempre tengo, Raúl, tú eres un optimista como yo, yo soy un optimista como tú porque tenemos una convicción, la vida tiene problemas y hay que enfrentarlos. Hay que enfrentarlos con fuerza, con alegría incluso, con el deseo de salir adelante. ¿Qué espero yo para los niños, los jóvenes y también para los adultos de mi país? El camino por el que vamos no es el correcto, no es un tema político, no es ideológico es un tema técnico e incluso, de sentido común. El sistema ya no da, el sistema tiene necesidades, hay que encontrar la manera de incrementar el financiamiento. ¿Por qué cuando se hizo el Seguro Popular sí se encontraron los recursos?, ¿por qué cuando se ha decidido hacer estas obras suntuosas inútiles se encuentran los recursos?

»Se tiene la posibilidad de encontrar formas para financiar un sistema distinto que no distinga entre que trabajas o no trabajas, trabajas a título personal, para ti, eres un autoempleado, eres un campesino o eres un empleador, el dueño de un negocio, de una fábrica, en fin. Eres un obrero, no, eres ciudadano, somos mexicanos todos, ciudadanos a partir de los dieciocho años, mexicanos desde el momento del nacimiento. Que sea un servicio de cobertura universal, que sea mucho más homogéneo. ¿Tienes dinero? Medicina privada, ¿tienes un seguro de gastos médicos de amplia cobertura? Lo que sea, no tienes ni siquiera para el sustento, como les pasa a millones de mexicanos que viven en condiciones de pobreza, decenas de millones en pobreza o cerca de diez millones en pobreza extrema, entonces tienes que atenerte a lo que buenamente puedas encontrar; no, no puede de ser así.

RC: Cuando se ha dicho que tendremos un Sistema de Salud mejor que el de Dinamarca, no solamente es un error señalar a Dinamarca como un comparativo, es un pequeño país con apenas 6 millones de habitantes donde todas las enfermedades están cubiertas, donde el hecho de ser danés e incluso ser un turista contempla

todos los gastos médicos en forma gratuita. Cuando se dice que vamos a tener una farmaciota que va a tener todos los fármacos del mundo, es un desconocimiento brutal de lo que significan las medicinas, que muchas de ellas requieren de refrigeración, otras de ellas caducan o la gran mayoría o todas caducan. En suma, hemos ido de, yo no diría qué de error en error, sino que es una falta de previsión, una falta de conocimiento y una ignorancia supina en lo que es el Sistema de Salud. ¿Tiene esto remedio? Corrijo la pregunta, ¿en qué tiempo se podría, de tener una convicción política de remediar el asunto, remediar esto?

JN: Yo creo que hacer lo que necesitamos hacer va a llevar varios años, más de seis. Cambiar las cosas lo puede uno empezar mañana, hay cosas tan evidentes, es un absurdo y son mentiras. Es un absurdo pensar que puedes tener centralizado en una gran farmacia todos los medicamentos de todo el mundo, es una mentira, no se puede, no hay manera, ni normativamente. Hay reglas establecidas, no puede cualquier medicamento venir al país así porque sí, no hay el interés de los productores en muchos países de mandar sus medicamentos para acá. Pensar qué en Huehuetoca, donde está la farmaciota, pueden alcanzar, y conste voy a hablar de ciudades, no de pequeñas poblaciones, a Tijuana, a Matamoros, a Chetumal o a Tuxtla Gutiérrez o Arriaga, es un absurdo es una mentira además y dicha por el presidente de la República es muy delicado.

»Pero eso no debió haber pasado, se va a llevar tiempo que recompongamos el sistema de planeación, porque se requiere planear la compra, la adquisición, hacer las licitaciones, han fracasado, rotundamente en hacerlo. Contrataron a un organismo de Naciones Unidas que no tiene la experiencia, la capacidad para hacerlo, fracaso. Quisieron tenerlo centralizado en la Oficialía Mayor, en la Secretaría de Hacienda, fracaso. Han querido pasárselo a Birmex, fracaso. Han querido que el IMSS, fracaso. A ver, si había algún problema, que por cierto cuando dicen que era la corrupción, el presidente lo ha dicho una y otra y otra vez, la pregunta es: ¿dónde están los corruptos presidente?, ¿por qué no han actuado en contra de ellos?, ¿por qué no están indiciados, señalados?, ¿por qué no están bajo juicio? Hay cosas que se pueden empezar a cambiar muy pronto, hay que hacerlo con una visión integral.

»Yo lo que esperaría es que, en los próximos meses, quienes tienen la posibilidad de participar en el proceso electoral, quienes aspiran a presidir, a gobernar este país, se preparen debidamente con un servicio nacional de salud distinto diferente integral de cobertura universal de predominio público, pero que contemple lo privado. Tenemos una economía mixta, entonces, se puede, pero va a llevar tiempo y va a llevar más de seis años. Si queremos hacerlo bien tenemos que incrementar el presupuesto, idealmente hay que alcanzar, por lo menos, el doble de lo que hoy en lo público tenemos.

»Tenemos tres puntos del PIB, necesitamos mínimo seis, tenemos que hacerlo en diez años, en mi opinión, consistentemente 0.25 cada año de PIB adicional, diez años. Va a llevar tiempo, pero se puede. Necesitamos favorecer la combinación entre las instituciones, ideal que hubiera nacido integrado todo. Cuesta trabajo, políticamente va a ser difícil, a ver, tenemos posibilidades de articulación, de intercambio de servicios, de muchas formas se puede, yo soy optimista. Yo estoy convencido que los niños de mi país van a tener un mejor servicio si se hace en diez, quince años si se hace lo que se requiere hacer. Las coberturas de vacunación se nos han caído.

RC: Que eran un ejemplo internacional...

JN: Sí, en la región sin duda alguna.

RC: Así es. Yo le quisiera preguntar cómo es que podemos llegar a tener un sistema integral teniendo un sector tan fuerte en la medicina privada. Últimamente me he dedicado a recorrer hospitales privados y en verdad, salvo uno que otro, todos parecen castillos lujosos, de grandes cristales, de aluminio reforzado, con unos costos brutales desde el estacionamiento. Esto está destinado a una capa muy pequeña de la población y todos y cada uno de ellos han mostrado una gran capacidad para doblar, repito, para doblar sus ingresos en lo que ha habido de este quinquenio, ni siquiera el sexenio completo. ¿Esto pudo haber sido intencional o al revés, fue una consecuencia de haber descuidado el sistema público?

JN: A ver, yo te doy mi opinión, es muy clara. Este gobierno ha sido un gobierno privatizador de los servicios de salud. En la vida real, en los efectos, ahí están los datos de ellos, del gobierno, de INEGI, de la encuesta de ingreso gasto, de los hogares, ahí están los datos de CONEVAL, o sea, no estoy yo haciendo especulaciones, haciendo mis estimaciones, no. Revisas cómo los consultorios adyacentes a farmacias, que no son un invento reciente, que nacieron a finales del siglo pasado, que se fueron desarrollando, hoy tienen más cobertura los consultorios adyacentes a farmacias y los servicios privados que los públicos, ¿cuándo se había visto eso? Ahora. ¿Por qué? Pues porque la gente no está dispuesta a que no esté el medicamento, que no esté el personal, que no le den el servicio, tiene la necesidad, entonces se acude a eso.

Este gobierno ha sido el verdaderamente privatizador de los servicios de salud. Tiene reversa, sí, sí tiene reversa, y no es una, en mi opinión, el modelo no debe ser una u otra. Claro que privilegio yo lo público, por supuesto que sí, sin duda, pero no es a costa de eliminar lo privado. Es armonizar lo público con lo privado. El sector productor de insumos médicos, de material de curación, de biológicos, de reactivos, de equipo, de medicamentos, están en el sector privado. Ordena bien las cosas, necesitamos regular adecuadamente el tema y necesitamos pensar en la gente, necesitamos garantizar una calidad mucho más homogénea. Es un país demasiado desigual, lo vemos en todo, en la comida diaria, en la vestimenta de todos los días y también en los servicios de salud. El que tiene dinero tiene todo y al que le falta todo no tiene nada.

RC: ¿Hay algo en esta entrevista que no te haya yo preguntado y que usted quisiera que, bajo su nombre, aparezca en el libro?

JN: Sí quiero.

RC: Venga.

JN: Y quiero porque ya me tengo que ir, pero quiero que lo ponga.

RC: Saldrá, venga.

JN: No quiero que lo edite, aquí hay testigos de honor, a ver, se lo digo del corazón, pero también desde la cabeza. Quiero decir dos cosas, una que creo en mi país, en sus instituciones. Estoy totalmente convencido que México es un gran país, lo he dicho mil veces, no sé si mil veces, pero muchas veces. México es grande y tiene grandeza, tenemos historia, cultura, superficie territorial, economía, turismo, biodiversidad, tenemos cultura, tenemos mujeres y hombres maravillosos que le han aportado al mundo. México es un país grande y con grandeza, y por eso no tengo duda va a salir adelante, si es en menos tiempo, mejor; si es más rápido y me toca verlo, qué bueno; si es en diez años o en veinte y ya no puede uno ver eso, mis hijos o mis nietos lo van a ver y si no los hijos y los nietos de ellos, uno.

»Dos, yo sí quiero decirte que admiro a Raúl Cremoux, lo pone, no, no voltees a verme con esa cara de no voy a cumplir, porque entonces le prohíbo que saque una palabra de esta entrevista, le prohíbo a su abuelo, usted es garante. Admiro a Raúl Cremoux, lo admiro por sus convicciones, que lo ha mostrado en numerosas ocasiones; ya ha dado muestra de eso. Tres, lo admiro no como un personaje del mundo público hasta cuando hace cosas en el mundo de lo privado, lo admiro como ser humano, por su entereza, por su capacidad, por su forma de entender el tema y por su problema, su dolor, a las cosas que le pasan a él y a su familia, entender que hay un mensaje para todos los demás. Yo quiero felicitar al maestro Raúl Cremoux, no porque me entreviste, ¡no!, quiero felicitarlo por las batallas que ha dado, por su obra personal y colectiva, que ha tenido y por el éxito que da tener una familia, por el éxito que representa ser un hombre querido por sus lectores, por los suyos y por quienes somos sus amigos.

Dra. Ma. Teresa Bourlon

"En inmunoterapia, los fármacos están fuera del alcance de lo que podemos pagar de nuestro bolsillo; el Gobierno no ayuda, entorpece"

¿Quién es la Dra. Ma. Teresa Bourlon de los Ríos?
Hoja de vida

- Médico cirujano egresada de la Universidad Panamericana. Realizó la especialidad en Medicina Interna del 2008 al 2012 y la de Oncología Médica del 2012 al 2015 en el Instituto Nacional de Ciencias Médicas y Nutrición Salvador Zubirán (INCMNSZ). Obtuvo el fellowship en Urología Oncológica por parte de la Universidad de Colorado, en Estados Unidos. Maestría en Ciencias Médicas por la Universidad Nacional Autónoma de México del 2015 al 2017. Actualmente, miembro del Sistema Nacional de Investigadores I, médica adscrita en el Departamento de Hematología y Oncología del INCMNSZ, así como encargada de la Clínica de Uro-Oncología de este Instituto. Autora de múltiples artículos, principalmente en el área de tumores genitourinarios.

RC: ¿Cómo nació su vocación de servicio a través de la medicina?

B: Mire pues es un poco curioso porque mi papá y mi mamá son médicos, entonces de chiquita, de pronto, mi mamá cuidaba a mi hermana, mi papá se hacía cargo de mí, entonces pronto llegó la edad en la que el fin de semana en el que mi papá se tenía que ir a pasar visita mi mamá se quedaba en casa con mi hermana, yo me iba a pasar visita con mi papá. Y era una época en donde no había tantas restricciones en los hospitales, entonces un niño, de pronto, podía pasar, y mi papá era jefe de la terapia intensiva, nadie me decía que no a nada y entonces yo de niña llegaba a la central de enfermeras y ahí estaba jugando con los plumones, con el pizarrón, con los banquitos que daban vuelta para arriba y para abajo y veía cómo mi papá pasaba visita en lo que las enfermeras me echaban un ojo. Entonces pues así me empezó a gustar, la verdad es que veía que lo que hacía mi papá me gustaba, que había como una disciplina, un orden, que los pacientes evolucionaban, que salían de alta y me emocionaba ver esa parte.

»La verdad es que así me empezó a gustar la medicina y luego en vacaciones, a veces pues mi mamá tenía algunas actividades entonces nos íbamos a la oficina con mi papá, mi hermana y yo estábamos con las secretarias y de pronto me tocaba pasar al paciente, pesarlo, medirlo, en lo que mi papá salía de ver al otro paciente porque tenía dos oficinas, y así me empecé a dar cuenta cómo era la vida de mi papá, laboral; y me empezó a gustar así la medicina. Desde ahí fue que dije que quería ser médico, conformé crecí, la verdad es que las ciencias naturales, biología y todo siempre se me facilitó y así fue como decidí un poco adentrarme a la idea de hacer medicina como licenciatura.

RC: Bien, ¿y la oncología?

B: La oncología fue un proceso más tardío, la verdad es que yo entré a medicina pensando que iba a ser medicina interna, que es como esta visión integral del paciente, es una especialidad de cuatro años. Pero después de medicina interna uno puede hacer varias subespecialidades, desde nefrología, reumatología, gastroenterología, endocrinología, neumología, muchísimas ramas. Mientras estaba en medicina interna, primero pensé que iba a ser nefróloga, pero digamos que el tema de pacientes en diálisis y todo, me atraía, pero no lo suficiente. Después pensé en ser infectóloga, pues me gustaba mucho todo el tema de antibióticos, me tocó la pandemia de influenza, el oseltamivir, cómo el oseltamivir podía mejorar rápido a los pacientes, entonces como que tuve cierta idea de que probablemente quería ser infectóloga hasta que roté en oncología y en mis rotaciones clínicas de oncología, me di cuenta de que era una población de pacientes que todavía tenían muchas necesidades no alcanzadas en términos de tratamiento, en términos de acceso a fármacos novedosos, proyectos de investigación que eran cruciales para ellos para tener moléculas nuevas que pudieran ofrecerles una oportunidad de respuesta cuando los tratamientos convencionales no servían y que incluso aquellos que sobrevivían al cáncer, los cuidados de un paciente post-cáncer, supervivientes son distintos.

»Tenemos que atender las consecuencias del tratamiento oncológico, dar recomendaciones para una detección temprana de una recaída y me parecía como todo un reto el paciente oncológico. Desde el poderle explicar algo tan difícil como el diagnóstico de un cáncer, llevarlo en un tratamiento que puede ser no necesariamente un paseo por el bosque si no un camino con muchas altas y bajas tanto buenas como malas, de pronto responden, de pronto no, de pronto el tratamiento lo toleran muy mal, de pronto lo toleran bien y tan llevarlo como una muy buena noticia como es alcanzar esa curación como tener que estar con él y apoyarlo cuando logramos una curación y tenemos que hacer que se mantenga el tratamiento y se mantenga una calidad de vida adecuada y poderle dar todo el soporte que implica. O al paciente que falla al tratamiento y hacia el final de la vida.

RC: Doctora, tres son, en general, las formas de hacer frente al cáncer, me refiero médicamente. Cirugía, radiaciones, quimioterapia y lo último, en lo que usted se está especializando, y lo digo en gerundio, se está especializando, es la inmunoterapia. A su modo de ver las cosas, ¿qué es la inmunoterapia?

B: Mire, lo que pasa es que yo creo que antiguamente como que veíamos justo esas divisiones, el oncólogo quirúrgico que opera, el radio oncólogo que es el que va a dar las radiaciones y después el oncólogo que solo tenía quimioterapia. Hoy por hoy sabemos que, aparte de la quimioterapia, existen los tratamientos hormonales, los tratamientos biológicos, las terapias blanco que vienen justo de tiro al blanco, encontrar una alteración puntual en ese tumor y entonces dar un tratamiento que va dirigido a ese blanco. Tenemos la inmunoterapia y tenemos muchas otras opciones de tratamiento como son los anticuerpos conjugados. De manera un poquito, lo más sencilla posible, entendemos que el sistema inmune es el sistema de defensas y justo la inmunoterapia viene de dar un tratamiento a ese sistema inmune y hacer que ese sistema inmune que por alguna razón reconoció a la célula tumoral, pero no pudo eliminarla porque esa célula tumoral mandó una señal de corepresión negativa a la célula de defensas.

»Hoy tenemos moléculas que pueden reprimir esta señal de corepresión y vuelven a empoderar al sistema inmune a que pueda eliminar ese tumor. Eso es como hay que comprenderlo y pareciera una estrategia mucho más inteligente que lo que fue la quimio. La quimio es una terapia citotóxica que mata a aquellas células que están en replicación o en división y, justamente, cuando estamos dando quimioterapias sabemos que existe ese daño a la célula tumoral que está en replicación constante; pero también a aquellas células de los anexos como son cabello, piel, mucosas, mucosa intestinal que dan lugar o pie a todos estos eventos adversos asociados a la quimio. Propiamente la inmunoterapia tiene esta percepción de educar el sistema del paciente de nuevo a que sepa responder contra el tumor, que es una idea mucho más fina y distinta de lo que era la quimioterapia.

RC: *Sin duda usted conoce al doctor James Allison.*

B: Obviamente. Premio Nobel.

RC: *Apenas del 2018.*

B: Así es.

**RC: En consecuencia, la especialidad de usted es re-
lativamente nueva, fresca, no es un asunto que, como
las otras, la quimio que es un tractor, lo mismo arrasa
con las moléculas sanas que también las tóxicas, las enfermas. Esquemáticamente, le quiero preguntar si esta
relación donde se extraen primero los linfocitos T, después se les robustece, se les califica mejor y se les vuelve a inyectar al paciente. ¿Esto es lo que usted realiza
bajo este esquema?**

B: Ese esquema es un tipo de inmunoterapia, existen
varias terapias que van dirigidas al sistema inmunológico.
Esta es una terapia que ha existido, por ejemplo, para cáncer de próstata, es el sipuleucel. Lo que hacemos es extraer
linfocitos, los tenemos *in vitro*, los exponemos a ciertos antígenos del cáncer de próstata y una vez que los hemos
educado, los reinfundimos al paciente para que pueda…

RC: ¿Cómo los han educado?

B: A nivel de laboratorio se les ponen a diferentes sustancias, como es la fosfatasa ácida prostática. Aprenden
a reconocerla y entonces estos linfocitos adquieren o se
habilitan para el reconocimiento de estas moléculas y actuar en consecuencia. Acarreando otras células inflamatorias que liberan citocinas o proteínas inflamatorias que
logran la destrucción de esa célula tumoral. Propiamente
la inmunoterapia que utilizamos hoy en día de manera más
frecuente es esta que va a los puntos de control inmunológico. Justo lo que explicaba en esta célula maligna que es
reconocida por una célula del sistema de defensas, sin embargo, esta célula maligna tiene una señal de corepresión
negativa que hace que el sistema de defensas no la elimi-
ne. Justo los anticuerpos, anti PD y anti PDL 1 que son las

inmunoterapias que más comúnmente usamos, van contra esta señal y empoderan al sistema de defensas nuevamente para poder destruir la célula tumoral que dejaron crecer el algún momento.

RC: Cuando hablamos de cáncer, que es una forma de llamarle a seiscientos y pico de enfermedades cancerígenas, se dan nuevas posibilidades de atacarlo, y así ocurre lo siguiente: hasta donde yo he entendido al doctor Allison, las células cancerígenas son particularmente fuertes, se disparan con una gran rapidez, son caprichosas y autónomas y al mismo tiempo se ocultan de nuestro sistema defensivo. El doctor Allison sostiene que hay una membrana protectora que al mismo tiempo que hace muy difícil el acceso de los linfocitos también de los fármacos. Es decir, es un gran descubrimiento, muy semejante a lo que pudiéramos pensar que fue el descubrimiento de los antibióticos, de esa medida es lo que creo que el Dr. Allison descubrió, no sé si estoy equivocándome en la interpretación de lo que él hace.

B: No, en absoluto, esa es la interpretación correcta, tenemos evidentemente, la célula tumoral que tiene que ser reconocida por la célula de defensa y tenemos una célula de defensas inhibida por esta señal PD 1, PDL 1 que es el Programme Deaf One y Programme Deafligan One que esta es la señal corepresora que hace que esta célula de tumor permanezca y la célula de defensas, que en este caso es un linfocito T, quede inhibido. Cuando nosotros tenemos la inmunoterapia, que aquí viene obviamente *The Inmune Checkpoint Inhibitor*, tenemos este anticuerpo que está graficado como un triángulo que lo que hace es: inhibe esta señal de corepresión y al inhibir esta señal de corepresión, como sí hubo un reconocimiento de la célula de defensas de esta célula tumoral, si la reconoció y ya no está esta señal inhibitoria, es capaz de activarse el linfocito y eliminar esta célula tumoral. Eso es de manera, pues lo más simple de cómo funciona un poco este templonizubam, nivolumab, atezolizumab que son las moléculas que más utilizamos hoy en día como inmunoterapia.

RC: *Dígame doctora, entiendo que todo descubrimiento, en un principio, genera costos sumamente elevados...*

B: Así es.

RC: *¿Por qué resulta esto tan caro?*

B: Estos fármacos están fuera del alcance de lo que nosotros pudiéramos pagar de nuestro propio bolsillo, el costo es irracional y esto ya viene desde antes de la inmunoterapia. Las terapias biológicas, las terapias blanco ya tenían estos costos que lejos de ir bajando siguen incrementándose en las terapias modernas. Ciertamente, parte del costo viene de toda la tecnología que se tiene que usar y todos los recursos que se tienen que invertir para que se diseñe el medicamento que resiste esa molécula y después hacer los ensayos clínicos para demostrar que esa molécula tiene un beneficio. No se trata solo de diseñar una molécula y tenerla, sino utilizarla en los pacientes, en un grupo grande de pacientes y demostrar que tenemos un beneficio en tasas de respuesta, que el tumor reduce, tiempo de progresión; es decir, que el tumor no vuelva a crecer en cierto tiempo y tasas de supervivencia global, que el paciente viva más tiempo.

»Obviamente, esto genera una inversión todavía mayor porque hay que tener pacientes cuya atención se tenga de pagar de manera gratuita porque están en un estudio de investigación, médicos que atiendan esos pacientes y la infraestructura que se necesita y existen otros costos que están más allá de lo que nosotros vemos desde el punto de vista de investigación, que es quien lleva el mercado de ese medicamento. Ciertamente existen farmacias que lo venden, distribuidoras que tienen que tener una comisión un gasto sobre el costo de ese medicamento e incluso los sistemas de salud privados, pues tienen que tener una ganancia sobre el costo real de ese medicamento, por eso también el costo de esa misma sustancia o ese mismo medicamento puede variar dependiendo el lugar donde se le aplica al paciente.

»Todos esos factores han generado que el costo vaya en ascenso, lejos de lo que quisiéramos. Si es algo que puede, potencialmente, curar a pacientes debería de estar en acceso para todos lo más pronto posible, no solamente para algunos, y esto ha generado mucha disparidad en el acceso a tratamiento a nivel mundial y los países de bajos y medianos recursos todavía batallamos más con eso. Además, no contamos con apoyo del Gobierno. No ayudan, entorpecen.

RC: ¿Cómo es posible que ahora se tenga mayor certeza de poder atacar a la molécula del cáncer? ¿Qué es lo que la lleva? No es un misil, que lo lleve directamente. Con la quimio hemos visto, hemos padecido, que yo lo hago pasar como un tractor que arrasa. Se lleva lo mismo las buenas que, las malignas. Sin ser esto un misil, ¿con cuánta certeza se está actuando actualmente?

B: Digamos que vamos teniendo más certeza cada día. Para poder diseñar la inmunoterapia tuvo que haber muchos estudios que vieran qué moléculas expresan la célula tumoral, qué reconocimiento tiene la célula de defensas de esa célula tumoral en el complejo mayor de histocompatibilidad, en el receptor de la célula T y cuáles son las vías de represión que si bien existe PD 1, PDL 1, también existe el CTLA 4. Existe un estudio muy profundo de las moléculas que expresa la célula de defensas y la célula tumoral y se puede llegar a un tratamiento dirigido puntualmente a esas moléculas de manera, pues como usted dice, a manera de tractor, arrasando con todo, sino de manera dirigida.

»Y también otra cosa que nos ha ayudado es que ahora tenemos muchas plataformas genéticas que nos ayudan a evaluar las alteraciones que tiene un tumor, dentro de eso podemos ver el material genético del tumor del paciente y analizar qué errores tiene y ver si le podemos dar una terapia dirigida. Y también podemos ver la carga mutacional o qué número de errores tiene, por así decirlo, ese tumor y poderle atribuir una carga mutacional alta o baja y aquellos con alta carga mutacional son tumores altamente respondedores a la inmunoterapia.

RC: He leído lo que señala el doctor Allison, esto todavía está en una etapa, digamos de investigación, una etapa que no está aún cabalmente terminada. A mí me gustaría que usted me dijera en qué tiempo, más que en qué tiempo, ¿qué etapas tienen que transcurrir para llegar a dos cosas? Primero, al acceso de parte del público ante este proceso médico, y dos, cuáles son los elementos que puede producir cada país sin tener que importar la mezcla que, necesariamente se tiene que hacer, digamos en el caso que yo le señalaba, de los linfocitos que son extraídos del paciente, luego más tarde combinados con los productos que se importan de distintas partes del mundo y se vuelven a introducir en el cuerpo sanguíneo del paciente. Primero, ¿qué tiempo calcula usted o qué procesos tendríamos que saltar para poder llegar ahí? Y después el asunto de los costos, ¿en qué medida se podrían disminuir?

B: Para que una molécula pueda llegar al paciente, primero se tiene que diseñar la molécula, a nivel de laboratorio y experimental. Una vez que está diseñada la molécula, estos medicamentos tienen fase de investigación en animales muchas veces y después vienen los estudios clínicos fase 1, fase 2 y fase 3, que propiamente lo que quieren ver es cómo se tiene que hacer la dosificación en el paciente, eventos adversos. Fase 3, es un estudio que demuestra que ese medicamento es superior al medicamento estándar que se tenga para esa enfermedad. Por ejemplo, el carcinoma urotelial por muchos años el mejor estándar de tratamiento, por décadas, fue el cisplatino que es una quimioterapia, y se hicieron muchos estudios para tratar de encontrar moléculas que fueran mejor que el cisplatino. Hasta que se diseña un estudio fase 3 que es un estudio de cientos de pacientes, en donde se aleatoriza, se sortean por un sistema computarizado a que quede en uno o en otro tratamiento, no es una decisión del investigador, es una herramienta estadística para poder destinar a un paciente de manera aleatoria a uno u otro tratamiento.

»Este estudio permite comparar cómo les va a los pacientes con el tratamiento convencional que era cisplatino vs. la inmunoterapia y un anticuerpo conjugado que es una manera de liberar la quimioterapia que se conoce como carga, ligado a un anticuerpo que detecta cierta sustancia en las células tumorales y lo libera de entrar en estas células tumorales. Sorpresa, cuando nosotros vemos este estudio se duplica el tiempo de vida de los pacientes que están recibiendo esta combinación de tratamiento moderno a aquellos que recibían la combinación de cisplatino con otra quimioterapia que se conoce como gemsitabina o carboplatino, que es una molécula platinada, pero que no tiene tanto daño renal que también se usa en cáncer urotelial. Estas combinaciones de inmunoterapia más anticuerpo conjugado duplican el tiempo de vida de los pacientes, incrementan las tasas de respuesta y este estudio permite que se vuelva un nuevo estándar.

»Una vez que se tiene este estudio fase 3, de cientos de pacientes en donde se comprueba que es mejor la nueva terapia, tienen que ser presentados los resultados y tienen que ser evaluados por las agencias regulatorias. Por ejemplo, en Estados Unidos, la FDA, en Europa la EMA, en México la COFEPRIS. Estas agencias regulatorias evalúan los datos del estudio, no solamente de eficacia, sino de seguridad, qué tantos efectos adversos dan, que el estudio haya estado bien diseñado, que se demuestre un beneficio y aprueban el medicamento. Cuando un medicamento es aprobado en Estados Unidos, eso quiere decir que el paciente ya va a tener acceso a él de manera inmediata con su seguro. Lamentablemente en México, aunque haya una aprobación por la COFEPRIS eso no se traduce en que lo va a tener el paciente en el cuadro básico.

»De aquí que en México que es un sistema tan heterogéneo en salud, un grupo de pacientes tiene IMSS, otro grupo de pacientes tiene ISSSTE, un porcentaje muy pequeño de la población, alrededor del 8 % tiene seguro de gastos médicos privados y existe un grupo de pacientes que no tienen ninguna derechohabiencia, que es de lo que antes se trataba de encargar el Seguro Popular, después INSABI…

RC: Desaparecieron.

B: Lo cierto es, el hecho de que el medicamento esté aprobado no garantiza acceso al medicamento en nuestro país, los costos los pueden asumir algunos seguros y no todos los seguros, las pólizas de seguros hay unas que son casi ilimitadas por el número de millones de pesos que tienen garantizados, algunas pólizas de un millón o dos millones sería muy difícil que lo pudieran cubrir. La disparidad va en incremento.

RC: ¿Cómo se puede tratar de aumentar la posibilidad de que más pacientes tengan acceso?

B: Pues mucho lo que el país logre negociar con la farmacéutica sobre el costo, sobre las indicaciones que va a tener cubiertas en su Sistema de Salud, evidentemente a nivel de las instituciones públicas tratar de optimizar la dosis. Si a un paciente le va a sobrar un poquito de un frasco y ese mismo día hay un paciente que también comparte el medicamento, tratar de optimizar las dosis. Pero realmente son estrategias que no logran compensar lo alto que están los costos de los fármacos hoy en día, y que, sin duda alguna, el tener estrategias de que eso vaya abaratándose muchas veces depende del tiempo de la patente.

»Mientras el laboratorio tenga esa patente, pues veremos ese costo. Existen quienes están creando biosimilares, para tratar de competir en ese terreno; el problema de un biosimilar es que no siempre tiene los mismos estudios de eficacia y seguridad, y no solamente existe riesgo para el paciente, no responder también y no tener el beneficio clínico en términos de supervivencia, tasas de respuesta, que hemos visto con la molécula original, sino también los riesgos de toxicidad que hay cuando un biosimilar no ha estado bien estudiado; pero lo ideal sería tratar de tener una producción a menor costo y tratar de tener una negociación por parte del sistema público de cada país, con la farmacéutica, para ir controlando el precio de estos medicamentos.

RC: Pues tal como están las cosas me da usted muy pocas esperanzas para el futuro inmediato, ¿quién sabe en el futuro mediato y a muy largo plazo, qué pueda ocurrir? Pero por el momento, dadas las circunstancias en las que estamos viviendo hoy en México, es realmente milagroso el que alguien se pueda curar a través de esta manera, de esta forma, cada vez va a resultar más y más efectiva. Le quiero preguntar, ¿cuáles serían los tratamientos no convencionales que usted podría recomendar que se adhirieran, porque no veo que solos lo puedan hacer, sino combinados con la inmunoterapia?

B: Mire, en general son varios los tratamientos que se pueden combinar con la inmunoterapia, pero no hay una recomendación general, sino que dependerá de cada tipo de tumor. Por ejemplo, en cáncer de riñón hacemos una combinación de inmunoterapia con terapia blanco, porque la inmunoterapia hace este efecto de despertar las células de defensas contra el tumor, pero la terapia blanco tiene un efecto antiangiogénico, es decir cerrar todos los vasos sanguíneos que alimentan el tumor, anti contra, angio vasos sanguíneogénico formación de vaso sanguíneo. Esta terapia blanco antiangiogénica que va dirigida contra algunas moléculas en los vasos sanguíneos los cierra y hace que el tumor responda y haya una actividad sinergista. Una mediada por el despertar de ese sistema de defensas y otra por suprimir los vasos sanguíneos que irrigan al tumor y tenemos respuestas más profundas.

»Sin embargo, por ejemplo, en el cáncer de pulmón tenemos, ahí hay evidencia de combinar quimioterapia con inmunoterapia en algunos pacientes. La inmunoterapia en cáncer urotelial se ha combinado con anticuerpos conjugados, estos anticuerpos conjugados es una manera más novedosa de aplicar quimio. Lo tenemos una terapia o molécula citotóxica que va unida a un anticuerpo y ese anticuerpo tiene la finalidad de buscar a la célula a la que quiere dirigir esa quimioterapia. Ahora le muestro un poco el ejemplo de esto; entonces es una manera de administrar quimioterapia, pero de manera más dirigida tratando de ir a las células que realmente queremos impactar. Por ejemplo, en carcinoma urotelial una molécula que se expresa casi de manera universal en el cáncer urotelial es la nectina 4, entonces, justamente en fortumac es un anticuerpo contra nectina 4, va a encontrar el anticuerpo esa nectina 4 y una vez que encuentra nectina 4 vamos a liberar la quimioterapia en esa célula.

»Déjeme poner un esquema para que sea un poco más comprendido, justo esto es una clase que di hoy. Básicamente esta es la idea, existe un anticuerpo que es este triángulo rojo que tiene una molécula citotóxica o carga que en inglés se conoce como "taylow" y tiene un ligando que asegura que la carga no se libere antes de tiempo. Es decir, que no se disperse antes de que el anticuerpo haya encontrado el sitio donde quiere liberar esa carga. Aquí tenemos este anticuerpo que reconoce a nectina 4 en caso de fortumac, existe una endocitosis de esa molécula y después tenemos un lisosoma donde hay una degradación de esta molécula y finalmente se puede liberar el citotóxico para inhibir el crecimiento de esta célula. Ciertamente cierta parte del citotóxico por difusión pasiva puede pasar a otras células, pero esto es una cantidad mucho menor y lo que implica un anticuerpo conjugado es casi dirigir el tratamiento a ciertas células como son las células uroteliales en cáncer de vejiga.

RC: Doctora, ¿no hay riesgo de que al hacer este procedimiento llegue a darse, Vasculitis, el hecho de que se constriñan todas las arterias?

B: La terapia blanco va dirigida contra ciertas moléculas como factor de crecimiento endotelial vascular, va dirigido contra ciertos blancos. Evidentemente, el hecho de que vayamos teniendo, que se cierre ciertos vasos sanguíneos puede generar ciertos efectos colaterales en el paciente. Al cerrarse un poco esos vasos sanguíneos aumenta la resistencia vascular y, por tanto, el paciente puede padecer hipertensión como un efecto secundario de estos medicamentos; al hecho de que se vayan cerrando algunos de los vasos sanguíneos puede producir alteraciones en la piel o algo que se llama Síndrome Mano Pie, que es enrojecimiento de palmas y planta y que estén hipersensibles y puede generar otro tipo de efectos colaterales en los vasos sanguíneos del riñón, que es proteinuria. Dependerá mucho de la molécula que estamos inhibiendo, pero son eventos adversos de clase, al inhibir eso y cerrar los vasos sanguíneos del tumor podemos como cerrar otros vasos sanguíneos que puedan generar cierto tipo de alteraciones como la que le comenté, la hipertensión.

RC: Doctora, retomo un poco la idea de que los linfocitos T no encuentran a las células cancerígenas o si las encuentran éstas los esquivan, de tal modo que pareciera ser qué con la inmunoterapia, bien pronto, cuando digo bien pronto puede ser una década o más, ya no será útil ni la radiación ni la quimioterapia, quedarán la cirugía y la inmunoterapia nada más. ¿Qué tan cierto puede ser esto?

B: Es un poco prematuro el que podamos decir eso, pareciera que a medida de que tenemos fármacos más efectivos podríamos ir prescindiendo de algunas terapias locales. Tanto la radiación como la cirugía se consideran una terapia local, porque la radiación va dirigida a un solo sitio, la radiación no va dirigida a todas las células tumorales del cuerpo, va dirigido al sitio en particular donde pensamos que está el problema. Por ejemplo, una radiación para cáncer de mama, una radiación para un cáncer de vejiga localizado que no quiere ir a cirugía o que opta por radiación en lugar de cirugía, una radiación para un cáncer de próstata que está localizado en próstata o en muy poquitos sitios adicionales como ganglios o hueso, pero que vamos a darle un tratamiento local. La radiación y la cirugía actúan en el sitio donde está el tumor y en el sitio donde se está haciendo esa intervención quirúrgica o en el sitio donde se está aplicando la radiación.

RC: Perdón que la interrumpa, para preguntarle, y en caso de un cáncer metastásico, ¿también se aplica en los diversos puntos?

B: Podría llegar a aplicarse en los puntos que considere-ramos oligometastásicos. Por ejemplo, en cáncer de prós-tata hay evidencia de radiar la próstata y que radiar algunos puntos de metástasis si son menos de cinco, podrían dar un beneficio en términos de control de la enfermedad. No es en todos los tumores, es en algunos y generalmente oligo-metastásicos significa menos de cinco lesiones visibles. El concepto aquí es que se benefician solo los pacientes que tienen poquitas metástasis porque pensamos que tienen menos diseminación sistémica. Un paciente que tiene más metástasis a otros órganos, por más que nosotros veamos solo tumor, por ejemplo en el colon y en el pulmón y en el hígado, sabemos que hay células circulantes tumorales en todo el cuerpo. Tienen representación macroscópica visi-ble en el colon, en el pulmón y en el hígado, pero virtual-mente están circulando en todo el cuerpo.

»La inmunoterapia, la quimio, las terapias blanco, las terapias biológicas son tratamientos sistémicos, van dirigi-dos contra cualquier célula tumoral tanto localizada como la que está circulando. Los tratamientos de cirugía y ra-diación van solamente dirigidos a un punto en particular, de tal suerte que son complementarios. Se ha llegado a postular que cuando un paciente responde tan bien con estas terapias y desaparecemos al tumor y ya no tenemos un tumor visible, por ejemplo, en mama, pensar si algún día podemos prescindir de la cirugía, pero eso todavía está en fase muy experimental y a futuro ver si lo podemos lograr.

»Otro buen ejemplo es cuando damos inmunoterapia a tumores de recto, que sabemos que tienen ciertos mar-cadores como inestabilidad microsatélite que hacen muy sensible al tumor de recto de inmunoterapia y entonces desaparece el tumor de recto con la inmunoterapia y potencialmente ese paciente se podría ahorrar la necesidad de tener que, después de haber recibido quimio que era el tratamiento estándar, después tener que ir a quimio radio y después de la quimio radio a una cirugía para quitar el tumor. Esos son ejemplo en donde ya estamos viendo que la profundidad dé la respuesta que llega a la inmuno a este tipo de pacientes altamente de respondedores inmuno, podría evitar la radiación o la cirugía y las consecuencias de radiar el recto o de operar el recto y dejar al paciente muchas veces incontinente o con un estoma.

RC: Bien doctora, es difícil que usted me vaya a responder si yo le pregunto cuál es el cáncer más activo, cuál es el cáncer más agresivo y qué podemos esperar de la inmunoterapia. Usted me va a decir: "va a depender de cada individuo", "cada situación es diferente". Así lo entiendo, no es una enfermedad. Siempre tendrá, hasta el punto que usted acaba de desarrollar, la idea de que la inmunoterapia debe de ir acompañada de, sean radiaciones, sea cirugía o sea, las distintas maneras de la quimioterapia, no sé si usted me pudiera responder, ¿cuál es el cáncer más agresivo?

B: Es difícil decirlo, para medir la agresividad tal como usted lo estipula, depende del sitio. Por ejemplo, cáncer de testículo antiguamente era una enfermedad letal, es una enfermedad muy quimiosensible y cuando se descubrieron los sistemas basados en cisplatino. Ahora el cáncer de testículo es la neoplasia más curable. Por ejemplo, sabemos que el cáncer de pulmón tenía muy mal pronóstico, a medida que aparece el cisplatino, a medida que aparece la inmunoterapia, la terapia blanco, ahora las supervivencias

231

en cáncer de pulmón están siendo a largo plazo. Depende mucho del sitio y depende mucho de los medicamentos que hayamos logrado tener para la supervivencia.

»Hoy por hoy ciertas neoplasias que siguen teniendo muy mal pronóstico, por ejemplo, cáncer de páncreas, en donde casi no hemos logrado que ninguna de estas inmunoterapias ni terapias blanca ni terapias dirigidas logren mejorar los desenlaces que da la quimio, sigue siendo una de las neoplasias más letales. Glioblastoma multiforme que es un tumor de cerebro que responde a radiaciones, a quimioterapia y a terapia antiangiogénica con un anticuerpo que es debazisumar, seguimos teniendo un muy mal pronóstico, por ejemplo, de estos pacientes.

»Depende el sitio y también el pronóstico depende muchísimo de la etapa clínica, por eso siempre en todo paciente cuando encontramos un tumor, tenemos un proceso de tapificación, saber si está sobre la mama o si está en la mama y en la axila o si está en la mama, en la axila y un hueso, entonces entre más avanzado esté el tumor peor pronóstico que en cuanto más temprano. Es un conjunto de etapa clínica, localización del tumor e histología, es decir qué tipo de tumor, incluso dentro del cáncer de páncreas sabemos que el adenocarcinoma de páncreas es letal, mientras que si tenemos un tumor neuroendocrino de páncreas eso puede ser mucho más tiempo manejable con otro tipo de fármacos hormonales, radiofármacos. Depende el sitio, el tipo histológico y la etapa clínica.

RC: Algunas de las células cancerígenas pueden sobrevivir a los tratamientos y permanecer como latentes, puede ser hasta por meses o hasta por años.

B: Décadas...

RC: El doctor Mohar, que usted conoce bien, me señalaba que una dama que fue operada, le volvió el cáncer de mama dieciocho años más tarde.

B: Es justo lo que le comentaba, incluso pueden ser décadas. Sabemos que, por esa enfermedad sistémica, que es no visible, es por la que tenemos recaídas. Digamos una paciente con cáncer de mama localizado, la operan, le dan las radiaciones, le dan quimio, le dan su tratamiento hormonal, está en vigilancia y por años no recae, el ejemplo que usted pone, doce años después tiene una recaída. ¿Por qué? Porque hubo una célula sistémica, una célula que se escapó, que tiene actividad sistémica que no es visible, que queda latente o presente y no sabemos qué fenómeno a lo largo del tiempo de pronto la despierta y tenemos esta recaída de cáncer de mama.

»Misma situación en cáncer de riñón, por ejemplo, operan un paciente de cáncer de riñón, el paciente dice: "Pero me quitaron todo el tumor, por qué me quiere dar inmunoterapia ahorita". La razón es sencilla: existen pacientes con cáncer de riñón localizado de alto riesgo, cuyo riesgo de recaída puede ser tan alto como del 50-70 %, y esos pacientes, aunque hoy, visiblemente no tiene la enfermedad, vemos que años después empiezan a recaer. Entonces, una de las indicaciones que nos entusiasma tener en cáncer de riñón localizado de alto riesgo, que se quita y que sabíamos que tenía alto riesgo de recaída y que ni la radiación ni la terapia blancas ni los anticuerpos habían logrado mejorar ese riesgo de recaída. Hoy la inmunoterapia logra que, si aplicamos inmunoterapia un periodo de tiempo, un año después de haber operado al paciente con la enfermedad localizada, disminuimos más de 30 % su posibilidad de recaída. Esa célula que no vemos que está sistémica que no está en el sitio donde nosotros podemos ver el tumor, sino que es microscópica y que nuestros mejores estudios de imagen no logran detectar, es lo que nos da las recaídas.

RC: Sí, la descripción que usted hace resulta semejante a la que pudiéramos ver en algún episodio de ciencia ficción. ¿Cómo es posible que exista una célula de esta naturaleza? Que tiene esta movilidad, que tiene esa autonomía y todos los alcances médicos llegan a un punto donde pueden señalar: "Está usted liberado por el momento, ya puede usted salir del hospital o de su casa". En fin, tener una vida de calidad, normal; pero siempre habrá la advertencia de que tiene usted que tener vigilancia en determinados tiempos con el propósito de que la recaída no se presente inmediatamente o que más tarde, a pesar de todos esos cuidados, también se presente.

»Luego entonces si yo no he contraído el cáncer, como hoy tenemos que utilizar el cubrebocas porque hay virus en el aire, el cáncer lo hemos creado cada uno de nosotros de manera inconsciente no es un asunto que sea producto de un contagio, es el producto de nosotros mismos dependiendo de un sinfín de situaciones. Se ha hablado mucho de lo que es el cáncer familiar, se ha hablado también de la ingesta que se tenga de determinados productos, el alcohol, el tabaco, etc., redundan en situaciones muy claras, pero al final de cuentas no tenemos todavía una certeza clara de por qué nace el tumor, sigue envuelto en el misterio.

»Hay muchas teorías, es la enfermedad más investigada en el mundo, como usted sabe, y me imagino que países muy pobres como Haití o algún otro como de la Sierra Leona en África harán sus pequeñas investigaciones o prácticamente no harán nada, pero con ello le quiero decir que en el planeta se investiga acuciosamente esto, porque no sabemos en realidad por qué nace en nosotros el cáncer.

B: Mire, es que el cáncer que tiene una asociación genética, que es el cáncer familiar, ahí tenemos una herencia, un error en esa información genética que nos va a predisponer a tener cáncer. Por ejemplo, si alguien tiene una mutación en BRCA, que es esta Breast Cancer Mutation, la posibilidad de tener cáncer de mama en la vida aumenta casi hasta el 90 %, en hombres aumenta la posibilidad de tener cáncer de próstata y sabemos que a esos pacientes hay que tenerles un protocolo de vigilancia en una edad más temprana y tenemos que tomar ciertas medidas de prevención, como incluso pueden ser mastectomía u ooforectomía que es quitarle los ovarios por el riesgo tan alto que tienen esos pacientes por tener un tipo de cáncer hereditario. Y el resto de los cánceres, son cánceres esporádicos, esporádicos es un término muy difícil porque en realidad no podemos determinar una causa en particular que lo haya generado, pero es el conjunto de varias cosas que pueden estimular que esa célula que tiene ese error, que se vuelve célula cancerosa, el sistema de defensas aunque la reconozca no la logre eliminar. Primero tiene que haber mecanismos como los que usted describe como tabaquismo, alcohol, radiaciones, que puedan hacer que esa célula primero se forme una célula tumoral.

»Y aparte de esos factores que hacen que se desarrolle esa célula tumoral, hay un mecanismo de evasión inmunológica, ¿qué quiere decir? Para que, esa célula se hubiera creado nuestro sistema inmunológico tendría que ser capaz de reconocerla y eliminarla, justo por eso surge la inmunoterapia. Porque logramos que la ciencia definiera que esta célula tumoral sí es reconocida, sí existe una identificación del sistema inmunológico de esa célula, pero existe un aturdimiento de ese sistema inmunológico por parte de esta señal de corepresión negativa de la célula tumoral que hace que crezca de manera descontrolada y ahí surge la inmunoterapia. Para describir un fenómeno que origina el tumor, logramos diseñar una terapia que se desactiva en términos de volver a empoderar ese sistema de defensas a luchar contra esa célula tumoral y ya no existe esa evasión inmunológica.

RC: Doctora, veo en su biografía que trabaja usted tenazmente, también, en Nutrición.

B: Sí.

RC: Bajo la égida del doctor Zubirán, que ha dejado un legado muy importante. Me imagino que, de manera muy clara en Nutrición y debido a los recortes presupuestales de este sexenio, (2018-2024), difícilmente puede usted aplicar sus conocimientos en Nutrición.

B: La razón por la que más me gusta mi trabajo en Nutrición es porque hacemos investigación clínica. La investigación clínica es una manera en la que podemos llevarle a pacientes, que no tienen acceso a ciertos fármacos, esos fármacos. Existen farmacéuticas y grupos cooperativos a nivel mundial que diseñan ensayos clínicos, y es de interés particular que exista representación racial de los diferentes grupos étnicos que podamos llegar a tener en el mundo para comprobar que ese medicamento es eficaz, no solo en un grupo racial sino en todos los grupos raciales y también que sepamos si existen diferencias en la toxicidad que pueden tener lo asiáticos vs los caucásicos con cierto tratamiento.

»Básicamente en mi labor en Nutrición hemos introducido varios estudios de investigación, que son cooperaciones a nivel internacional, algunos de ellos financiados por la industria farmacéutica, que han permitido que muchos de estos pacientes que no tenían acceso a tratamientos modernos, puedan tener acceso a ellos. Y creo que es importante entender que este problema de acceso, se tiene incluso en países ricos, porque cuando surge una molécula, no inmediatamente ya se puede aplicar, sino que sabemos que son pacientes, por ejemplo, en cáncer de riñón por muchísimos años se trataban solo con la terapia blanco, solo con esta que cierra los vasos sanguíneos, pero el paciente solo podía vivir meses más. Resulta que por muchos años se trató así a los pacientes, cuando aparece la inmunoterapia, dicen: "'Vamos a combinar'" esta terapia blanco con la inmunoterapia y vamos a compararla con la terapia convencional a ver qué pasa".

»Y la combinación es sumamente superior a la monoterapia, pero para eso, para demostrar eso tuvo que haber un estudio en todo el mundo que incluyera paciente en Norteamérica, Europa y en otros países del mundo como Latinoamérica, que comprobó que si le dábamos, aparte de la terapia blanca, la inmunoterapia a los pacientes de países ricos como en países pobres, iban a vivir mucho más tiempo y tenían mucho mejor tasa de respuesta, mucho mejor tiempo libre de progresión y mucho mejor supervivencia global.

»Parte de lo que yo hago es investigación clínica, muchas de las moléculas que me ha tocado utilizar en esta investigación clínica son inmunoterapia, creo que esta es la razón por la que es tan preciado para nosotros como país tener a institutos como el Instituto Nacional de Nutrición, porque podemos tener una plataforma en donde los pacientes son atendidos, tienen una infraestructura de salud adecuada en términos de consulta, personal de salud, equipo de radiología e imagen, un laboratorio y que podemos introducir el uso de estas moléculas, que pues, obviamente, también implica que exista un equipo de farmacia que las prepara, las tiene listas y un centro de infusión donde las podamos aplicar y que una vez que las hemos aplicado, a lo largo del tiempo, podamos repetir los estudios de imagen y darnos cuenta que el tumor va disminuyendo. Esa es parte de la labor que más me entusiasma de mi trabajo en Nutrición, la posibilidad de participar en investigación clínica y que la investigación clínica le provee al paciente la posibilidad de tener acceso a estos medicamentos, y en este caso el patrocinador también se encarga de los viáticos del paciente, existe un seguro de eventos adversos, si existe un evento adverso relacionado al medicamento estudiado los gastos deben de ser cubiertos por el patrocinador, que generalmente es el que tiene la molécula.

RC: ¿Y dónde se encuentran esos patrocinios?

B: Los patrocinios vienen directamente de la industria farmacéutica, cuando es un ensayo clínico de la industria farmacéutica, como MSB, Bristol y también puede haber patrocinios de grupos cooperativos, es decir, se hace un grupo cooperativo de muchos centros de cáncer, que se juntan para someter una propuesta y pedir a una asociación médica, a una fundación ese recurso.

RC: Ya estoy rebasando los cuarenta y cinco minutos que usted me dio y lo único que le preguntaría para cerrar esta entrevista es lo siguiente: ¿hay algo que yo no le haya preguntado y que usted quisiera que, bajo su nombre, aparezca en este libro?

B: Creo que en realidad algo muy importante es entender que los tratamientos para cáncer han evolucionado mucho en las últimas décadas. No solamente en términos de eficacia de lograr curar pacientes y en término de aumentar el tiempo de vida, sino también en la manera en que los administramos puedan ser menos tóxicos y más llevaderos en términos de calidad de vida para el paciente. Creo que esto es muy importante que exista una conciencia de que el tratamiento ha mejorado en varios sentidos y creo que los pacientes tienen cada vez más opciones.

»Creo que también debe de existir esta importancia de la prevención, un estilo de vida saludable, un estilo de vida libre de exceso de alcohol, tabaco, exposición a tóxicos, ejercicio, dado que sabemos que la obesidad es un estado pre inflamatorio y también favorece el hecho de que exista más cáncer; creo que es importante que se trabaje mucho en prevención, que se trabaje mucho en detección temprana, que el paciente sepa que entre más temprano identifiquemos un tumor, mejor su pronóstico y que si es en etapa avanzada existen muchas estrategias.

»Ya no solamente la quimio, sino terapias blanco, terapias biológicas, inmunoterapia, anticuerpos conjugados, que se le pueden ofrecer para mejorar su pronóstico y que existen varios mecanismos tanto en institución pública como mecanismos de aseguradora privada como ensayos clínicos, que les pueden ofrecer una opción de tratamiento. Es importante que exista cada vez más difusión, que existen otras maneras de intentar tener acceso a tratamiento y que los ensayos clínicos son una de ellas.

Dra. Nydia Ávila Vanzinni
"Tenemos la obligación permanente de hacer investigación"

¿Quién es la Dra. Nydia Ávila Vanzinni?
Hoja de vida

- *Staff* médico del Instituto Nacional de Cardiología.
- Miembro titular de la Sociedad Mexicana de Cardiología.
- Vicepresidencia SONECOM 2016-2018.
- Coordinadora del Capítulo Ecocardiografía de la Sociedad. Mexicana de Cardiología 2015-2017.
- Maestría en Ciencias Médicas Universidad Anáhuac.
- Miembro del Sistema Nacional de Investigadores.
- Áreas de experiencia: Estenosis Aórtica, Enfermedad Valvular Mitral, Hipertensión

Arterial Sistémica, Dislipidemia, Síndrome Metabólico.
- Directora de Medimanage Research.

RC: Usted dirige este novedoso Centro de Investigación. ¿Cuáles son sus metas?

NA: Sí, nos dedicamos justamente, a hacer proyectos y/o protocolos de la industria farmacéutica, aunque también pueden ser protocolos propios, con la finalidad de responder a diversas preguntas de investigación, que tienen que ver con el ámbito de la salud.

RC: ¿Cómo se inician las diferentes fases de un proceso de investigación?

NA: Hay muchos tipos de investigación. Hablamos desde investigación clínica, que es la que nosotros aquí realizamos, hay investigación básica, que es la parte inicial, por ejemplo, para un medicamento. Empezamos por las partes básicas, quiere decir en animales y después nos pasamos a la clínica cuando ya son en seres humanos, esta es la trayectoria que tienen que seguir, por ejemplo, un fármaco nuevo que se va a empezar a usar en humanos. Pasa primero para ver los comportamientos en los animales, después pasamos a la fase clínica. Entonces tenemos estudios de fases, de fase 1 es en poquitos pacientes o poquitas personas sanas, porque ahí no son sanas, para ver cómo se distribuye el medicamento, cuál es la dosis ideal, qué eventos o efectos adversos tienen, en cuánto se elimina, por dónde se elimina, esto de la farmacocinética se llama esto del medicamento.

»Después, si no tenemos mayor problema, no hay efectos adversos graves, cumple en lo que tiene que cumplir, o sea, sí tiene el efecto, pasamos a la fase 2 en donde ya son pacientes, ahora sí los pacientes de la enfermedad que van a tratar, pero siguen siendo poquitos no son tantos. Ya con la dosis que vimos anteriormente en las personas sanas, en los pacientes ver qué efectos adversos tienen, si sí tienen el efecto que buscamos realmente y en cuánto tiempo se elimina, cómo se elimina, etc., otra vez toda la farmacodinamia y farmacocinética de ese medicamento.

»Si pasa esta fase, nos vamos a la fase 3 en donde ya son grupos más grandes, todos con la enfermedad y entonces vemos que el efecto sea real, ya se probó en más gente, y después nos vamos a la fase 4 que es cuando ya se comercializa. En la fase 4 se puede ver, siempre se están vigilando los medicamentos, si empieza a haber un medicamento que está en farmacia y que empieza a tener muchos eventos adversos y son reportados, se quitan del mercado. Esa es la fase 4 de investigación.

RC: ¿Sería la última?

NA: Es la última y es cuando ya está abierta a la población general y también estamos vigilando los efectos. De ahí que se hayan retirado del mercado muchos medicamentos.

RC: ¿Y cuándo y cómo funciona una nueva molécula?

NA: ¿Cuándo funciona? Cuando tiene el efecto para el cual se creó, cuando logramos hacer, por ejemplo, hablemos de lípidos. Queremos disminuir los lípidos y lo comprobamos en los tratamientos pues ahí está funcionando la molécula.

RC: A mí me gustaría poner esto en referencia a lo que es el cáncer, motivo de este libro. Ante un nuevo fármaco, dedicado al cáncer, ¿cómo sabemos que esa molécula ya funciona bien?

NA: Ahí depende mucho del tipo de cáncer, pero en sí se trata de tener, lo ideal es tener remisión del cáncer. Entonces sabemos que la molécula funciona bien porque el cáncer prácticamente se elimina del cuerpo. Ese es lo ideal, pero también hay tratamientos que ayudan a mantener la vida y al cáncer más o menos limitado, que no cause daño, no se puede eliminar por diferentes razones, pero ahí se mantiene y entonces ese medicamento tiene esa función, de mantener al paciente estable y al cáncer estable, o sea aprenden a vivir uno con el otro.

RC: ¿Qué tanto en realidad se elimina totalmente el cáncer de cualquier cuerpo?

NA: Cuando se dice remisión, se supone que está eliminado porque hay estudios, claro no son moleculares, pero son estudios de imagen, por ejemplo, los PET's, captan la actividad. Los cánceres son células de mucha actividad, entonces siempre que se hace un PET, esas substancias que se ponen, que es glucosa, la capta mucho y entonces prende en los estudios, que no son estudios moleculares ni nada por el estilo, pero se supone que con eso nos da una cierta tranquilidad de que está eliminado y lo vemos en la evolución clínica, el paciente cursa una vida normal durante los siguientes años. Entonces realmente ese cáncer sí estaba en remisión y se eliminó completamente. Ahora, que ese cáncer se vuelva a activar el mismo, entonces estaba como latente, pero no lo detectaban los estudios.

RC: Sí, así es. Un oncólogo me dijo, tomando su pluma, su estilográfica: "Ves este punto Raúl, a pesar de ser apenas un pequeño punto ahí hay un número enorme de células que pueden activarse. En consecuencia, tú que estás "curado" tendrás que hacerte revisiones

cada x tiempo. Puede ser cada tres años, puede ser el doble.

NA: O cada año.

RC: Cada año.

NA: Una cosa importante que decir respecto a ese punto que sirve de ejemplo; el cuerpo humano en todo momento a cada instante está formando células cancerígenas, depende de nuestra inmunidad que las destruye.

RC: Perdón doctora, no nada más células cancerígenas, las nuevas, las buenas, las que van haciendo que nuestra piel sea la misma, nuestros ojos, nuestros riñones, etc.

NA: Exacto.

RC: Se va reciclando.

NA: Correcto, pero entre todo eso hace células anómalas.

RC: ¿Siempre es así?

NA. Toda la vida.

RC: ¿Aunque estemos clínicamente sanos?

NA: Exacto, nuestro sistema inmune las detiene, las destruye. Entonces cuando tenemos falla del sistema inmune es cuando empieza a proliferar el cáncer y después empieza a crecer, tanto que empieza a alterar todo el sistema y después ya no hay cómo detenerlo, si no se detiene a tiempo.

RC: Entiendo. La posición de México en el mundo de la investigación, ¿qué tan representativa es para nuestros propios intereses?, ¿o siempre tendremos que depender de los países ricos, de los países en desarrollo, de los llamados países de punta de lanza?, ¿seguiremos siempre dependiendo o tendremos la posibilidad de hacer investigación propia?

NA: Tenemos que tener, de hecho, tenemos la obligación de hacer investigación propia porque los medicamentos, ya se sabe que, por genética, por ambiente, por alimentación, son diferentes, actúan diferente en cada sitio, en cada raza. Si seguimos dependiendo de lo que nos dicen los caucásicos, los japoneses, etc., por eso a veces no tenemos los resultados que queremos. Ahora, de un tiempo para acá la COFEPRIS está pidiendo a la industria farmacéutica qué si quieren meter algún medicamento a México, tiene que ser probado también en mexicanos. Es obligatorio ya hacer investigación en México y en población mexicana, genéticamente no somos iguales.

RC: En MediManage Research, ¿realmente estará haciendo investigación de este orden o a qué se avocará?

NA: Sí, esa es la finalidad, incluir sujetos de investigación mexicanos, de nuestra raza, en donde se prueben los medicamentos que se están vendiendo en el mundo. Son empresas trasnacionales las que hacen todo ese tipo de estudios, pero, obviamente, tienden mucho ellos a irse a lugares donde la regulación no es tan buena, porque hay algunos medicamentos que en otro lado no se los permitirían. Son algunos problemas que tiene la investigación y la industria farmacéutica y las conveniencias económicas, cada vez se va regulando más. Y en México no es un lugar donde esté así abierto que puedan hacer lo que sea, todo pasa por COFEPRIS y debiera estar perfectamente regulado. Sin embargo, no es así, si hablamos de Latinoamérica, de África, donde se suelen probar algunos estudios y entonces uno como médico ve que fueron probados en tales poblaciones donde la regulación es baja, pues empezamos a tener dudas de la certeza de esos resultados.

RC: ¿Por qué al final, cuando ya está en las farmacias, cuando está en el mercado, los productos son tan caros? ¿A qué se debe esto? Entiendo que la realización de esos estudios tiene un costo, pero hay ocasiones en que, por ejemplo, tratándose de inmunoterapia los precios son prohibitivos, si uno no tiene seguro de vida o no está uno adscrito a los institutos de salud, pues va a ser imposible aliviarse porque hay inyecciones que valen más de 300 mil pesos y cuando esto se tiene que hacer secuencialmente, dos, tres veces en un mes, es muy difícil que la gente de escasos recursos pueda salvarse si requiere inmunoterapia, tendrá que acudir o a radiación o a cirugía o a quimioterapia, en el caso de que pueda hacerlo, aunque nunca tendrá los beneficios de la inmunoterapia. ¿Por qué es tan costoso, doctora?

NA: La industria farmacéutica invierte muchísimo dinero en el desarrollo de una sola molécula, ellos, por decir una cifra, tienen mil moléculas en proceso, las cuales pueden servir para un solo objetivo. De esas mil moléculas, en todas las fases, sobre todo en las fases preclínicas, experimentales, se eliminan novecientas noventa y nueve y les queda una. Han invertido, diez, quince, veinte años en laboratorios, en manejos para obtener una sola molécula que apenas se va a probar en el ser humano a ver si funciona.

»De ahí se invierte también muchísimo dinero para llevar todo esto y poderlo probar en diferentes poblaciones, son muchos sitios que prueban el medicamento a ver si funciona. Llevar todo esto a cabo consume mucho dinero, son años. Para sacar una molécula al mercado, les lleva diez, veinte años y fueron muchísimas antes para decir esta es la que vamos a probar. Cuando nos llega a nosotros la molécula ya pasó por todas esas fases.

RC: Y los gobiernos de los distintos estados, ¿qué tanto colaboran?

NA: Difícilmente colaboran en la investigación, por ejemplo, el CONACyT, que apenas nos ayuda un poquito en cuanto a tener recursos para la investigación, pero es más bien simbólica. Esto requiere de muchísimo papeleo, está medio turbio cómo entregan los recursos, no está claro, es casi imposible acceder a una de estas becas, no es beca, es dinero para una investigación.

RC: Y ahora el CONACyT se ha militarizado, actualmente el CONACyT tiene otro perfil, ya no es el CONACyT de otrora al punto que la directora actual acaba de renunciar diciendo que es un instituto de ciencia "neoliberal", ella no se identifica con ese tipo de ciencia, cuando la ciencia es una, no puede haber una ciencia ideologizada porque se convierte en otra cosa, ¿es así?

NA: Sí, lastimosamente así es. Y bueno, ahí está implicado todos los que hacemos algo de investigación propia, no tenemos recursos. Hay que estar buscando a ver de dónde se obtiene para los reactivos, para una serie de cosas, eso nos limita mucho y no nos deja avanzar igual que en otros países que tienen todo el apoyo gubernamental. Antes había un poco, ahora nada.

RC: Entiendo. Esto hace que, de alguna manera, la salud pública se vea dependiente de lo que es la investigación privada y, en general, como hemos visto, la investigación privada está en manos de multinacionales de farmacéuticas internacionales que, prácticamente, fijan el precio. Porque no hay manera de debatirles, no

hay manera de decir "baja", no hay manera de decir "es que lo quiero para la población en general", por eso tiene costos.

NA: ¡Exorbitantes!

RC: Prohibitivos, este es el asunto. ¿Cuáles son los planes que tienen ustedes en este centro?

NA: Contribuir a la investigación nacional, ser un centro de referencia en donde podamos tener a todos los sujetos de investigación, que ellos también se sientan parte del centro y poder contribuir con población mexicana en diferentes estudios. Siempre, en general, se benefician las personas que participan, porque se les da atención cercana, porque se les hacen estudios, porque tienen un seguro de gastos médicos si algo llegase a pasar y porque hay comités de ética, comités científicos que primero evalúan el protocolo, antes de decir sí se hace el protocolo. Si hay algo éticamente no correcto, que siempre es ver la beneficencia del paciente, nunca maleficencia, entonces se les da el visto bueno, se les da luz verde y se empiezan a hacer.

»La gente está muy acostumbrada a pensar que el protocolo, estar dentro de estos ensayos es como ser un ratón de laboratorio y no es cierto. Esos estudios ya pasaron hace mucho tiempo y sí había ratones de laboratorio, pero ya han avanzado tanto en el tiempo que ya se usan en humanos, muchos ya están en las farmacias, solamente se cambia la indicación. Es decir, ya se usan para otras cosas, pero es que vi que el efecto también es bueno para acá, para decir que también lo puedo usar para esto, necesito hacer otro estudio enorme para decir tal, también se puede usar para esto, pero el medicamento ya se vendió hace mucho tiempo, eso es muy usual.

RC: Doctora, ¿llegará el momento en el que se pueda prevenir el cáncer?

NA: Yo creo que sí, la tecnología ahora ha mejorado muchísimo, hablando de medicamentos, ya nos estamos metiendo con la genética, con la forma de expresión de los genes, modificando a través de medicamentos. Ya se está hablando de lípidos en este escenario, de hipertensión y muchas otras cosas más. Seguramente en un momento no muy lejano vamos a tener esos medicamentos.

RC: Bueno, sabemos que quien fuma probablemente va a tener cáncer de pulmón o de tráquea o de boca.

NA: De vejiga.

RC: ¿De vejiga?

NA: Porque se elimina la nicotina por la vejiga y uno nunca piensa que por ahí va a ser la causa.

RC: También durante x tiempo y todavía en el Instituto Nacional de Cancerología se pide a las personas de recién ingreso que señalen si en su familia ha habido enfermos de cáncer. Suponiendo que hay un legado, para llamarlo de esta manera, en el paciente que se está presentando, pero esto va a la baja, ahora fundamentalmente se habla de otro tipo de situaciones. Y si bien las formas de tratar el cáncer tradicionalmente han sido cirugía, radiaciones, quimioterapia, esto hace que pensemos que también hay un porcentaje amplio de que el cáncer ataca al azar, que no tiene que ver ni con la herencia, ni con la alimentación, ni con ciertos vicios como el tabaco o el alcohol, qué sé yo.

»A los que he mencionado son los más probables, pero también hay un elemento, en casi todas partes se considera, que es el azar. Y de repente una persona

sana, un atleta, una persona que no ha tenido estos vicios, que no ha tenido en su familia parientes cancerígenos, de repente resulta afectado con cáncer y este porcentaje, en los libros que he consultado, va en aumento. Y no se sabe, bien a bien, sigue todavía en el misterio. Esto de alguna manera nos hace pensar que es casi un monstruo, el que hemos creado nosotros mismos, puesto que no es por efecto de una pandemia, no ha sido, no lo tenemos por haber habido contagio, para nada, sino que de repente sale. ¿Cómo lo ven ustedes quienes están investigando?

NA: Yo no estaría tan convencida de decir que esto es al azar, esto es como sacarse la lotería.

RC: A la inversa.

NA: A la inversa, por alguna razón yo, sin tener por qué, desencadena esto. Simplemente el cáncer es un desequilibrio del sistema, de alguna forma ocurre que puede ser desde emocional, porque la depresión es una forma de bajar las defensas, por ejemplo; la ausencia de ejercicio, el tipo de alimentación, por supuesto el ambiente, todo esto conlleva a que pongamos como el nido para que se desarrolle el cáncer. Y si a eso le agregamos la genética, no sabemos si nuestros tatatarabuelos, porque desde allá traemos la genética desde hace muchísimas generaciones, puede hacer que se exprese ese gen. Yo no metería al azar en todo esto, siempre hay algún desencadenante y nosotros propiciamos lo que traemos.

RC: Todo esto de manera inconsciente.

NA: Claro, o sea, nadie dice "yo voy a tener", pero si vemos que yo vivo en un ambiente contaminado como este, pues tengo más riesgo, el plomo, todo lo que estoy respirando todos los días, cómo estoy comiendo, con qué riegan lo que estoy comiendo, estamos llenos de plomo, llenos de metales pesados. Todo eso, el cuerpo va reaccionando diferente, unos reaccionan de una manera y otros reaccionan de otra, en el caso de las personas que no reaccionan bien, empiezan a desarrollar este tipo de procesos.

RC: Entiendo, ¿qué es lo que hace que las células cancerígenas rechacen a los linfocitos T?

NA: ¿Para que no los destruyan? Las células cancerígenas, como comentábamos, son células que se reproducen muy rápidamente y de alguna manera hay una correlación, digamos se parecen, los linfocitos T no se enteran tan bien de que es una célula anómala, cuando empiezan a haber alteraciones, y la dejan crecer. Aquí hay que el linfocito la identifique "esta es mala" y la mate, eso es cuando está el sistema inmune trabajando bien, pero si el sistema inmune está alterado, a la mejor porque otra cosa en que actuar, infecciones frecuentes, dejan de ver esto y entonces es cuando…

RC: Ya no lo atacan.

NA: Ya no lo atacan o lo atacan poco y ellas se reproducen rápido, rápido y ya no le da tiempo a atacar. Al ser ya una gran cantidad de células empiezan a alterar todo el sistema, empiezan a producir alteraciones, entonces el sistema empieza a fallar, empieza a tratar de defenderse de una cosa, de otra cosa y ellas siguen creciendo, ganan terreno. Son pro-coagulantes, inflamatorias, o sea tienen una serie de problemas de que estén ahí, se comen todos los recursos.

RC: ¿Cuáles son los obstáculos, los límites que impone el cáncer a quien lo padece? Sé que me va a decir

depende de qué tipo de cáncer y de qué tipo de persona, no sé si podemos generalizar este caso, no lo sé. O al revés, de los factores que más influyen para tener cáncer, la edad, la herencia, el sedentarismo, la diabetes, el sobrepeso, hipertensión, ¿qué se puede decir para quien tiene cáncer y que vea esto con una actitud positiva?

NA: Por supuesto, cuando nos alejamos de lo normal, de la alimentación normal, del ejercicio, tenemos una actitud depresiva, negativa, porque eso influye mucho, libera muchas sustancias neurológicas y neurotransmisores, todo eso va a favor del cáncer. La actitud positiva, el estoy haciendo ejercicio, el comer bien, todo eso ayuda a establecer otra vez el sistema y a que se vuelva a defender. Si nosotros estamos deprimidos, creemos que nos va a ir muy mal, todo eso va abonando y el cáncer va ganando. La actitud es muy importante, atacar la depresión, la ansiedad, todo eso nada más deteriora nuestro estado, nos gasta energía y necesitamos que la energía se avoque a destruir el cáncer. Evitar todo este tipo de cosas ayuda.

RC: De acuerdo. ¿Hay alguna pregunta que yo no haya formulado en esta entrevista y que usted, doctora, quisiera, bajo su nombre, que esté en este libro?

NA:. Si uno hace una revisión de cómo estábamos anteriormente y cómo estamos actualmente, tenemos mucho más cáncer y eso tiene que ver mucho con el comportamiento del ser humano en la actualidad, estamos en las enfermedades inflamatorias hasta lo más que dan, comiendo muchas cosas que son cancerígenas, la industria alimentaria no está controlada, nos dejan que les pongan a los alimentos lo que sea, nos están envenenando en todos los aspectos. Yo trabajo mucho con diabetes, hipertensión, todo lo que afecta al corazón, porque soy cardióloga, pero al igual que en el cáncer, es el mismo problema. La industria alimentaria no tiene límites y todo lo que nos dan actúa a nivel del cerebro para que nos guste más y queramos más y nos hacen un vicio.

»Además de todos los problemas que tenemos, actualmente tenemos ahora una adicción extra, que es a la alimentación y a la alimentación chatarra. Sin que el gobierno haga nada. Eso está contribuyendo también a que tengamos mucha obesidad, la obesidad es otra forma de desarrollar también cáncer. Yo creo que hay mucho qué hacer en la legislación, en los gobiernos, que tengan realmente y no con mentiras, el compromiso de hacerlo porque mientras sigan cobrando impuestos y a ellos les beneficie como ahora en este gobierno así, como a la industria alimentaria que se enriquece brutalmente a costillas de la vida de los seres humanos. Ese es mi comentario. Hubiera querido hacer otro, pero no puedo.

Dr. James Allison

"En un sentido amplio, la inmunoterapia es fácil de entender. Se trata de utilizar nuestro propio sistema inmunológico para derrotar al cáncer"

¿Quién es el Dr. James Allison?
Hoja de vida

- Inmunólogo estadounidense.
- Ocupa la Cátedra de Inmunología y es el Director Ejecutivo de la Plataforma de Inmunoterapia en el Medical Anderson Cancer Center.
- Dirige el Consejo científico asesor del Cáncer Research Institute.
- Premio Fundación BBVA Fronteras del Conocimiento en Biomedina.
- Premio Nobel de Fisiología y Medicina del 2018.

Dr. James Allison, Premio Nobel de Medicina 2018
Entrevistado por Christophe Doré
Le Figaro (agosto 2019).

CHRISTOPHE DORÊ asienta lo siguiente: de mi charla con el profesor James Allison puedo decir que su definición de cáncer es clara:

Esta enfermedad se caracteriza por la proliferación incontrolable de células ligadas a su escape de los mecanismos de regulación de todo el cuerpo y esto les da un desarrollo fuera de la armonía de nuestra condición humana.

El cáncer no es una enfermedad de los tiempos modernos, se detectó una traza de tumor en una momia egipcia. Una gran mayoría de los cánceres se dan actualmente en la población no solamente al envejecer, pues aquí la tasa de mortalidad tiende a bajar; lo que vemos es un acompañamiento de enfermedades que finalmente terminan –según el Instituto Nacional de cáncer, de la a ARC, de la liga contra el cáncer en Francia–, para decirnos que, actualmente en la sociedad se vive el cáncer que es un poco como vivir muriendo.

CD: ¿Cuándo y por qué tuvo usted la intuición de que la inmunoterapia podría tener un resultado eficaz contra el cáncer?

JA: La inmunoterapia no es una ciencia reciente. Al fin del siglo XIX comienza en Alemania con Paul Ehrlich, Premio Nobel en 1908 por sus trabajos sobre la inmunidad y su trascendencia. Concretamente, con frecuencia me preguntaba por qué los linfocitos T en los glóbulos blancos de nuestra sangre que funcionan para protegernos y por qué no lo hacían con el cáncer. Sabía que su rol es primordial en la defensa del organismo. Luego entonces, ¿por qué no podían hacerlo con esa enfermedad?

CD: Dígame, ¿cómo descubrió lo que podía ser que los glóbulos blancos no pudieran protegernos contra esas células malignas y tener algún control sobre ellas?

JA: En un sentido amplio, la inmunoterapia es fácil de entender. Se trata de utilizar nuestro propio sistema inmunológico para poder utilizar los recursos médicos, ya sea una intervención quirúrgica, una quimioterapia o una serie de radiaciones para luchar contra una enfermedad, y mi idea consistió en tratar de ver qué impedía a los linfocitos T que son los soldados de nuestro organismo, el poder atacar directamente a la célula cancerígena. ¿Qué era lo que impedía penetrar a esas células y por qué los linfocitos T estaban impedidos de hacerlo? Debido a que despistan a nuestras defensas por su membrana protectora.

CD: Hay quien afirma que la inmunoterapia es una revolución tan importante como el descubrimiento de los antibióticos. ¿Está usted de acuerdo con esto?

JA: De cierta manera estoy de acuerdo, pero hay que precisar las diferencias: las enfermedades infecciosas matan mucha gente. Esta es la principal causa de los decesos en tiempos ya pasados. Los antibióticos han llegado a resolver en mucho ese problema y casi de manera radical. Si somos objetivos, se trata de un problema mucho más grave, puesto que el cáncer concierne a todas las personas, ya que no se trata de una infección. Si bien se puede decir que los antibióticos son la solución contra las infecciones; en una escala mucho más pequeña, podemos pensar que la inmunoterapia tiene una solución para tratar eficazmente al cáncer. Además, el sistema inmunológico trata de qué las células cancerígenas mueran sin que el tratamiento se vuelva algo tóxico. Esto es importante.

CD: He escuchado que las células cancerígenas tienen una especie de inteligencia, ya que son capaces de reducir la eficacia de los distintos métodos para tratar de destruirlos. Sé que desarrollan una resistencia a todo tipo de tratamientos. ¿Qué dice usted sobre esto?

JA: Científicamente, es un aspecto muy interesante, ya que la selección natural concierne también a las mutaciones que tienen estas células que son muy numerosas. Siguiendo esta hipótesis, los linfocitos T tratan de atacar a las células tumorales, pero no pueden hacerlo, ya que la célula cancerígena tiene una mutación y ésta la convierte en algo muy resistente y después, puede tener otra mutación y otra más. Así qué si tenemos un tratamiento que tenga como blanco, específicamente a las células tumorales, puede encontrar que esta tiene una mutación rápida, lo cual la convierte en un verdadero problema; yo podría decir que estas células tienen una autonomía que no tienen las demás células en todo el organismo. Además, hay que hacer notar que una célula tumoral puede esconder la molécula que la hace identificable, y así, de esta manera hacer que los linfocitos T fracasen tratando de detener el desarrollo del cáncer.

CD: ¿La inmunoterapia puede ser utilizada sin quimioterapia, o radioterapia o es necesario combinar todos los tratamientos para que sean eficaces?

JA: Para ciertos cánceres la inmunoterapia puede ser suficiente. Este tratamiento sólo, por ejemplo, reduce eficazmente al 70 % de los melanomas; pero el resultado no es lo mismo para todos los tumores. Hay estudios que nos muestran que el acompañamiento de radioterapia es muy interesante. Y en forma secuencial se puede utilizar menos radiaciones, reducir las dosis para ciertos pacientes, asociado a otros tratamientos. Presenta ventajas evitando ciertos efectos secundarios difíciles. Y aparte estoy seguro que en los próximos cuatro o cinco años. Estaremos a punto de descubrir excelentes resultados entre los tratamientos de la inmunoterapia y los tratamientos clásicos.

CD: Leí doctor, que las células cancerígenas pueden ser inmortales. ¿Qué dice usted al respecto?

JA: Lo que usted plantea es un asunto de orden científico y filosófico. Científico porque eso no se produce en todas las células cancerosas, pero sí puedo decir que pueden reproducirse prácticamente hasta el infinito. Le diré, yo he trabajado con células descendientes de células cancerosas de 1950[1]. Como usted verá esto es un asunto inquietante.

CD: ¿Si pudiéramos resumir cuál sería la importancia que hoy tiene la inmunoterapia?

JA: El descubrimiento principal es que ahora sabemos que podemos incidir en esa poderosa célula que está recubierta de una membrana que la hace prácticamente inexpugnable; claro, la hemos venido combatiendo en forma clásica con cirugía, radiaciones y con quimioterapia. Hoy, y esto data de muy pocos años atrás, ya podemos utilizar el

---

1 El doctor James Alison hace referencia a las células de Henrietta Lacks, una joven negra americana muerta en 1951 de un cáncer de útero. Estudiadas sus células han permitido descubrir la división sin fin de las células cancerígenas. Actualmente siguen siendo utilizadas por investigadores en el mundo entero.

instrumental que permite llegar a lo que pudiera ser el corazón de la célula cancerígena. Como dije anteriormente, en aproximadamente unos cinco años, tendremos ventajas muy importantes para acotar y reducir al cáncer.

CD: ¿Sobre qué trabaja usted actualmente?

JA: Sobre varias cosas en paralelo. Mi esposa es oncóloga y ha descubierto una molécula llamada Icos que juega un rol importante en las respuestas inmunitarias y en la regulación de la proliferación celular. Nosotros desarrollamos una inmunoterapia sobre esta base. También trabajamos en la construcción de una plataforma de inmunoterapia con el propósito de obtener regularmente muestras de tumores para ver qué ocurre con la acción de diferentes medicamentos.